目 录

前 言

世界经济一体化的发展促进了各国在贸易领域的交流与合作，为了适应国际贸易发展形势的需要，国际结算方式也在不断演进，呈现出多样化和个性化发展的特点。我国进出口企业和银行为顺应世界经济潮流，发展了新的国际结算方式。新兴国际结算方式的出现使得国际结算手段更灵活，资金划拨更快捷，安全更有保障。为保证国际结算工作的顺利进行，参与国际结算的当事人要根据自身的实际情况选择合适的国际结算方式，从而减少风险，获取更多的利益。由于国际结算涉及的知识面广、政策性强，为了普及国际结算方面的知识，使从事国际结算的人员更好地掌握相关的方法和技巧，我们编写了本书。

本书的编写具有以下特点：

（1）系统性。本书围绕着国际结算涉及的主要问题，分结算货币、结算工具、结算方式、结算单据和结算风险控制等几个部分进行编写，系统地介绍了国际结算中常见的基本概念和基本知识。

（2）实践性。本书结合实际业务中的案例、票据、单证等内容对相关知识点进行对应分析解释，并利用图示介绍有关的业务流程，使操作知识的介绍具有直观性，从而提高了阅读者的感性认识，帮助他们更好地理解国际结算的操作知识。

（3）通俗性。本书力求言简意赅、通俗易懂，兼以典型的实例说明，便于阅读者学习和记忆。

（4）现实性。本书尽量利用当前金融市场上的最新数据和最新的国际结算惯例，总结和归纳当前国际结算的业务形式，具有较强的现实性。

本书不仅可作为高职高专和其他财经类专业的教材，也可作为国际结算从业人员的培训教材，更可供有志于从事国际结算工作的人作自学之用。

本书由彭月嫦担任主编，张少辉担任副主编。在本书的编写过程中，我们参考了大量的资料，引用了许多外贸公司国际结算的材料，余世明等老师对本书提出了许多宝贵的意见。在此谨向有关的作者、老师以及提供案例、票据、单证材料的外贸公司经理、业务员、单证员表示衷心的感谢！

由于编写的时间仓促，加之编者的理论水平有限，书中难免存在疏漏不当之处，敬请读者不吝批评指正！

编者

2010 年 3 月

第一章
国际结算概述

由于国与国之间在政治、经济、文化等方面的交流和联系日益增多，包括贸易往来，资本和利润的转移，劳务的提供和偿付，国际交通、航运、保险费用的收支，侨汇、旅游、政府的对外事务活动等都会引起国际的债权、债务，从而引起货币收付和资金的流动，这就产生了国际结算。随着国际交往的增加，特别是国际贸易的不断发展，国际的债权债务总量与日俱增。

第一节　国际结算的概念及其分类

一、国际结算的概念

国际结算（International Settlement）是指为清偿国际债权债务关系或跨国转移资金而发生在不同国家之间的货币收付活动。解除清偿国与收款国之间的债权债务关系是国际结算的最初目的，货币收付是其手段。国际结算作为国际金融的一个组成部分，要求运用最科学、最迅速、最安全的方法来完成国际间债权债务的票据、单据和货币资金的收付。

二、国际结算的分类

国际结算可分为国际贸易结算和非贸易结算。贸易结算的主要目的是清偿有形贸易产生的债权债务关系。有形贸易指商品或货物的进出口，它是国际贸易的基础和重要组成部分。非贸易结算是指由无形贸易引起的货币收付活动。非贸易主要指单方面转移和服务贸易等，包括侨民汇款、捐赠、国际资本流动、技术转让、国际旅游、运输、保险、银行业等。据统计，在国际贸易中，无形贸易比有形贸易发展得更快。无形贸易的主体是服务贸易。非贸易结算的目的有两个：一是清偿债权债务关系；二是转移资金。以转移资金为目的的非贸易结算又叫金融交易结算，它在结算总量上已大大超过国际贸易结算和其他非贸易结算之和。

国际贸易结算是国际结算的基础，它在国际结算中具有特殊地位。有形贸易或商品贸易是货物与金钱的相对给付，即卖方交货、买方付款。但是要以买卖双方一手交钱、一手交货，银货当面两讫的方式来完成数量巨大、年交易额数以万亿美元计的国际货物交割（Delivery）几乎是不可能的。因此，在实际情况中，卖方发货在先，买方付款在后，并且以单（据）（Documents）代货（物），还使用了信用证、银行保函等工具。国际贸易流程演变成了先是卖方发货，然后卖方交单收款，第一个承担付款义务的可能不是进口商（如在使用了的情况信用证下）而是银行，最后才是买方付款、赎单、提货。于是，单据成为货物的代表，信用证或银行保函成了进口方付款的保证，银行加入进来并承担了一定风险。这些都使得国际贸易结算包含的内容更加广泛，手续更加复杂。

与贸易结算相比，非贸易结算虽然业务量大，但结算手续较为简单，通常它只涉及一部分结算方式和内容。掌握了国际贸易结算，非贸易结算也就不难掌握了。

第二节　国际结算的基础条件

一、国际结算的产生及其发展

国际结算起源于国际贸易，这是人们公认的。国际贸易属于历史的范畴，是人类社会发展到一定阶段的产物，只有社会生产力和社会分工达到一定的水平，国家形成后，社会能够生产出可供交换的剩余产品，才会产生国际贸易。从国际结算的发展历史看，先后出现了以下三种结算方式：

1. 易货贸易

最初的国际结算是通过以物换物的形式来实现的，即易货。易货贸易作为一种贸易方式，其价值的实现过程和结算过程是统一的，商品交换完成，结算即告结束，它是一种最原始的结算方式。由于其操作简单、风险小、交结快，即使是商品经济高度发达的今天，局部地区或在特殊情况下依然存在着易货贸易。

2. 现金结算

随着商品经济的发展，参加交易的商品和交易方越来越多，易货贸易方式难以解决交易双方需求和时间上的不一致，因而出现了以货币为媒介的现金结算。不过，现金结算并没有完全替代了易货，在很长时期内二者共存。公元前5世纪时，便开始有了初级阶段的现金结算，这时是以输送黄金、白银来进行结算的。现金结算冲破了物物交换的局限性，因为货币作为商品交换的媒介，为人们普遍接受，提高了国际贸易的效率。

3. 非现金结算

随着贸易的扩大，由于运送黄金、白银风险大、清点不便，以输送黄金、白银来了结国际的债权债务的方式已不能适应国际贸易的需要，于是交易者们开始使用“字据”来代替黄金、白银，这个“字据”就是票据的前身。国际结算的业务量越大，使用票据的优越性就越能显现出来，它不仅避免了风险，而且节省了时间和费用，从而促进了国际贸易的发展。

随着科学技术的进步，交通和通信设备的不断完善，国际的距离被缩短，国际贸易活动几乎遍布全球，国际政治、经济、文化等的交往和交流也越来越多。

二、国际结算适用的国际惯例与国际规则

2007年7月1日，使用了13年的《跟单信用证统一惯例》（UCP500，国际商会出版物第500号）退出了历史的舞台，取而代之的是顺应时代变迁和科技发展的《UCP600》，这是对UCP自1933年问世以来的第六次修订。《UCP600》的特点是语言简练、严密，条

款简洁、务实，组成合理、科学，其中对《UCP500》条款的增删反映了实际的需求，对国际贸易结算及贸易实务产生了很大的影响。

在国际贸易和结算领域，以 UCP 为核心，还有许多配套的规则。由于 UCP 的改进，这些规则也必然会作相应的改变。其中最主要的几项规则如下：

（1）eUCP。根据国际商会（ICC）国家委员会会议的建议，eUCP1.1 版是专门针对《UCP600》所作的升级版本，共有 12 个条款，仍作为《UCP600》的补充。需要注意的是，UCP 的很多条款并不对电子交单产生影响，所以在以电子交单、电子或纸质单据混合提交单据时，要同时使用 eUCP 和 UCP。

（2）国际标准银行实务（International Standard Banking Practice，ISBP）及其修改。ISBP 是一个供单据审核人员在审核信用证项下提交的单据时使用的审查项目（细节）清单。ISBP 于 2002 年首次通过，作为国际商会制定的应用广泛的关于跟单信用证的规则——《跟单信用证统一惯例》的必不可少的补充，得到了各界的广泛接纳。通过详细规定跟单信用证操作中的细节，比如如何签发海运提单、保险单的关键特征如何、如何处理拼写和打印的错误等，ISBP 是架构在概括性的 UCP 规则与信用证使用者日常操作之间的桥梁。2007 年 7 月 1 日通过了与《UCP600》精神相一致的 ISBP。新的 ISBP 草案称为《审核跟单信用证项下单据的国际标准银行实务》（ISBP for Examination of Documents under Documentary Credit Subject to UCP600），全文共 185 条，内容非常全面。

（3）SWIFT 的升级。SWOFT（Society for Worldwide Interbank Financial Telecommunication）又称“环球同业银行金融电讯协会”，是国际银行同业间的国际合作组织，成立于 1973 年。目前，全球大多数国家的银行已使用 SWIFT 系统，因其格式标准化，目前信用证的格式主要都是用 SWIFT 电文。SWIFT 是为国际结算提供电讯服务的，所以对它的修改一直同步跟进 UCP，并且得到了 UCP 修改小组的具体指导。SWIFT 升级的时间表为：第一步改变于 2006 年 11 月 18 日生效，年底发布指引；第二步改变是在 2007 年 7 月 1 日《UCP600》生效时，指引的内容在 SWIFT 电文使用手册中正式发布。SWIFT 的修改原则是：“最小的影响，最少的费用。”SWIFT 升级涉及的电文格式有 MT700、MT710、MT720、MT705 等；增加了 40E 场，具体调整了 44 场（域），44 场 A、E、F、B 等随《UCP600》转运单据条款的修改而改变；这些改变从 2006 年 11 月起执行；关于拒付时的单据处理条款，电文 MT734 中的 77B 场已不能适应《UCP600》第十六条，2007 年 11 月起采用了新的执行版本。

（4）ISP98。《国际备用信用证惯例》（International Standby Practices，简称 ISP98）是国际商会的第 590 号出版物，作为专门适用于备用信用证的权威国际惯例，于 1999 年 1 月 1 日正式生效实施。《国际备用信用证惯例》（ISP98）由国际商会以“第 590 号出版物”的名义公布，反映了已被广泛接受的有关备用信用证的惯例、习惯和用法，如同《跟单信用证统一惯例》（UCP）和《见索即付保函统一规则》（URDG）对于商业信用证和独立银行保函所起的作用一样，它为备用信用证提供了单独的规则。

制定关于备用信用证的单独规则，证明了这一金融产品的成熟性和重要性。备用信用证的未用金额远远超过商业信用证的金额。虽然一提起备用信用证，人们就会联想到美国——它的起源地和广泛使用地，但它确实是一种国际性产品。仅在美国，非美国银行所开备用信用证的未用金额就已超过了美国银行所开备用信用证的未用金额。

此外，在世界范围内，备用信用证的使用也日益增加。

（5）URR725。《国际商会跟单信用证项下银行间偿付统一规则》（The Uniform Rules for Bank-to-Bank Reimbursements under Documentary Credits，简称 URR725）。银行间相互偿付是信用证业务流程中一项必不可少的环节。《URR725》正是规定了这一环节操作规范的规则，为全世界从事信用证业务的银行所共同遵循。《跟单信用证统一惯例》（UCP600）于2007 年7 月实施以后，为了使《跟单信用证项下银行间偿付统一规则》（简称“偿付统一规则”，URR）与之相适应，国际商会对 1995 年的《URR525》作了一些修订，于 2008 年7 月公布了新版《跟单信用证项下银行间偿付统一规则》(国际商会第 725 号出版物，URR725)，并于 2008 年 10 月 1 日起实施。

《UCP600》及以前版本都列有偿付条款，即开证行的一部分偿付业务通过第三家银行进行偿付，但是 UCP 的相关规定非常简要，而 URR 的内容却非常详尽，它是与 UCP 配套的独立文件。

《URR725》对《URR525》的文字进行了修改，即 URR 的这次改版并不像《UCP600》对《UCP500》的修改那样，而仅仅是对不符合《UCP600》表述的文字和文句作了变动或增减。

（6）DOCDEX。全称为《国际商会跟单票据争议专家解决规则》（ICC Rules for Documentary Instruments Dispute Resolution Expertise，简称 DOCDEX），是由国际商会的银行技术与实务委员会（ICC Commission on Banking Technique and Practice，简称“银行委员会”）制定并于 1997 年 10 月公布实施的，解决由于适用《跟单信用证统一惯例》（Uniform Customs and Practice for Documentary Credits，UCP）和《跟单信用证项下银行间偿付统一规则》（Uniform Rules for Bank-to-Bank Reimbursements under Documentary Credits，URR）而引发的争议。

以上这些规则或惯例均由国际商会制定，中国于 1994 年 11 月加入国际商会，因此也受以上规则或惯例的约束。

（7）URC522。全称为《托收统一规则》，国际商会第 522 号出版物。国际商会为统一托收业务的做法，减少托收业务各有关当事人可能产生的矛盾和纠纷，曾于 1958 年草拟了《商业单据托收统一规则》。为了适应国际贸易发展的需要，国际商会在总结实践经验的基础上，于 1978 年对该规则进行了修订，改名为《托收统一规则》（The Uniform Rules for Collection，ICC Publication No. 322）；1995 年再次修订，称为《托收统一规则》（国际商会第 522 号出版物，简称 URC522），1996 年 1 月 1 日起实施。《托收统一规则》自公布实施以来，被各国银行所采用，已成为托收业务的国际惯例。

需要注意的是，该规则本身不是法律，因而对一般当事人没有约束力。只有在有关当事人事先约定的条件下，才受该惯例的约束。

《托收统一规则》（URC522）有 7 部分内容，共 26 条，包括总则及定义，托收的形式和结构，提示方式，义务与责任，付款，利息、手续费及其他费用，其他规定。根据《托收统一规则》的规定，托收意指银行根据所收的指示，处理金融单据和（或）商业单据，目的在于取得付款和（或）承兑，凭付款和（或）承兑交单，或按其他条款及条件交单。上述定义中所涉及的金融单据是指汇票、本票、支票或其他用于付款的类似凭证；商业单据是指发票、运输单据、物权单据或其他类似单据，或除金融单据之外的任何其他单据。

三、国际结算的基本条件

所谓国际结算的基本条件是指对国际结算的手段工具、时间地点和方式方法等所作的基本规定。主要包括以下几个方面：

（一）货币条件

在国际结算中使用的货币必须是可自由兑换的货币，具体选择有出口国货币、进口国货币、第三国货币。只有使用了可自由兑换的货币，才能以持有的某一种货币的债权来抵付另一种货币的债务，尤其是西方主要工业国的货币的现货、期货交易都很活跃，可为双方当事人提供更多的保值手段。

可自由兑换货币有软币和硬币之分，软币和硬币是相对而言的。从贸易商的角度看，进口最好使用软币支付，出口则最好使用硬币收款。但使用何种货币是交易双方共同决定的，所以，选择结算货币除考虑汇率的走势以外，还要结合商品的供求状况、价格及利率进行综合考虑，尤其是利率，因为软币的利率往往较高，硬币的利率通常较低。

（二）时间条件

时间条件是指结算中支付款项的时间安排。根据付款与交货的先后关系，主要有预付货款、货到付款、延期付款、分期付款等多种时间安排形式。

（1）预付货款，是指买方将货款的一部分或全部预先交给卖方，卖方收到款项后再发货。实务中常见的是只预付一部分，作为买方保证货到付款的订金。这种付款时间的安排显然对卖方有利。

（2）货到付款，是指买方收到货物后再在规定的时间内完成付款，这是一种较为传统的方式。

（3）延期付款，是指买方收到货物后，在规定的延期时间范围内向卖方支付货款的一种时间条件。这是目前市场上普遍采用的支付时间的选择。

（4）分期付款，多用于资本性商品的结算，由于金额大、交易期长，分期付款可减轻买方资金上的压力。

（三）支付方式

传统的支付方式有三种，即汇付、托收和信用证，保函、保理等则属于新的支付方式。不同的方式，对款项的安全和资金周转的影响是不同的，汇付和托收属于商业信用，信用证、保函和保理属于银行信用。在进出口贸易中，“信用”是指在货物的交接和货款的支付上由谁承担付款和提供货物所有权单据的责任。在汇付和托收项下，银行仅负责传递单据、代收付货款；而在信用证项下，银行代表买卖双方负责付款和提交单据。采用何种方式，应根据商品情况、市场、双方当事人的资信情况而定。支付方式可以单独使用，也可以结合使用，如信用证与汇付、信用证与托收、汇付或托收与保函或备用信用证相结合等。

（1）信用证与汇款结合，是指一笔交易部分采用信用证支付，余额用汇付方式结算。这种结算方式常用于允许交货数量有一定机动幅度的某些初级产品的交易。例如矿砂、煤炭、粮食等散装货物，买卖合同规定 90% 的货款以信用证方式付款，其余 10% 在该货物运抵目的港，经检验核实货物数量后，按实到数量确定余数金额后以汇付方式支付。又如，对于特定商品或特定交易需进口商预付订金的，也有规定预付订金部分以汇付方式支付，其余货款以信用证方式结算。

（2）信用证与托收结合，是指部分货款用信用证方式支付，余款用托收方式结算。通常的做法是，信用证规定受益人（出口商）要开立两张汇票，属于信用证项下的部分货款凭光票支付，将货运单据和货款余额附在托收的汇票项下，按即期或远期交单方式托收。信用证中的条款如下：

买方通过卖方可接受的银行于装运月份前××天开立即期信用证并送达卖方，规定发票金额的50%凭即期光票支付，余下50%用托收方式即期付款交单。发票金额100%的全套货运单据随附托收项下，于买方付清发票全部金额后提交买方。如买方未付清全部发票金额，则货运单据须由开证行掌握，凭卖方指示处理。

这种做法，对进口商而言，可减少开证金额，少付开证押金，少垫资金。对出口商而言，托收部分虽然有一定风险，但因为有部分信用证的保证，而且货运单据在信用证内规定跟随托收汇票，开证行须等全部货款付清后才能向进口商交单，因而收汇较为安全。但信用证必须订明信用证的种类和支付金额以及托收方式的种类，也必须订明"在全部付清发票金额后方可交单"的条款。

（3）汇付或托收和保函或备用信用证结合。汇付和托收是建立在商业信用基础上的结算方式，有一定的风险，如果与保函或备用信用证结合起来使用，一旦汇付项下预付款的买方没有收到货物或货到付款的卖方未能收到货款，或跟单托收被拒付，就可凭保函或备用信用证所列的条款进行追偿。这种做法，对进口方而言，可少占用资金，少占用资源；对卖方而言，可避免仅凭证付或托收支付存在的商业风险。

（四）单据代表货物所有权

单据在国际结算中占据重要地位。特别是在国际贸易中，单据代表着货物，买方是凭单付款而非凭货付款，而卖方在货物出运以后拿到了代表货物所有权的提单就可以向当地银行进行融资。所以，在国际贸易结算中，不论采用何种方式，都有一个单据交接的问题。单据的交接就代表了货物的交接。

四、国际结算的银行网络

国际结算通过银行进行，办理国际结算业务的银行，必须在其业务所涉及的范围内建立广泛的网络，以便于实现不同国家之间的资金转移，所以，在全球范围内，建立起资金划转畅通的账户网络是国际结算业务顺利进行的关键和前提条件。

（一）海外银行（Overseas Branch）网络的形成

在海外设立银行网络是一项综合性的战略，要根据各银行自身的具体情况和发展需要作出正确的选择。总体来说，银行网络可通过设立海外分行、建立代理行和附属银行及兼并当地银行等方式形成。

1. 海外分行

从法律和业务上讲，海外分行是总行的一个组成部分，是总行在当地的全资子机构。分行不具有独立公司的性质，没有董事会，也不发行任何股票。虽然出于管理和监督的需要，分行将设立自己的账户，但事实上其全部资产和负债都是总行的。但是，海外分行的存款通常不受总行所在国政府的中央银行的干预，即不需要缴纳存款准备金或保险金，除非总行将其海外分行的资金调入国内贷给国内的客户。

海外分行必须受到双重的银行业务的监管。首先，作为总行的一个组成部分，它们必须接受总行所在国政府法规的约束；其次，由于它们在当地营业，还要受到分行所在国政府的法规约束。

从银行的观点来看，海外分行的利润必须转入总行，由总行负责向总行所在国政府缴税，同时，海外分行的亏损也应转入总行，由总行向其所在国政府申请减免税款。因此，如果一开始就把海外机构办成一个分行，那么，虽然分行在开头几年可能会发生亏损，但这种亏损却为总行创造了免税的机会。而从政府的角度来讲，看法可能有所不同。政府一般不愿意给海外分行的亏损部门提供免税。

设立海外分行的最大好处是分行可以以总行的名义，根据总行的授权，在当地从事一切许可的银行业务。分行吸收的存款同时构成总行的法定负债。对客户的服务是建立在整个银行整体基础之上的，而不仅仅是当地分行独立承担。贷款限额只对总行有效，对分行则无效。

海外分行的最大弊病是使总行的责任变大。例如，由于海外分行出了某些问题，客户可以对整个银行提出起诉，把总行卷入法律或其他的纠纷之中。尽管如此，海外分行仍然是许多国际性大银行进行对外扩张业务时采取的最多的组织形式。

根据国际惯例，一家银行在不同国家设立的分支机构虽属于同一个法人，在管理体制上隶属于总行，但在信用证业务的处理中，在国外的分支行被视为相互独立的银行。例如，中国银行在北京总行和在日本大阪的分行，由于属于不同的地区，应视为两家不同的银行，在日本大阪分行议付的信用证，北京总行作为开证银行也可以因为单证不符而拒付，并且在大阪分行发生的信用证纠纷也不应涉及北京总行。但对于非信用证业务，总行和海外的分行则仍视为同一法人。

2. 海外代理行

海外代理行（Correspondent Bank Abroad）是指根据协议，本国银行与外国银行相互提供代理服务，这家外国银行即为本国银行的海外代理行。海外代理行是现今办理国际结算、进行资金收付和银行之间进行资金调拨清算的重要机构，在银行结算网络中居于十分重要的地位。海外代理行在资金及管理上不附属于本国银行，它完全是一家独立的国外银行，只是根据双方协议，在规定的业务范围内彼此提供结算、融资、咨询、培训等方面的服务。

3. 海外代表处

海外代表处（Representative Office Abroad）是总行在国外开设的代表该银行的办事机构，它不能吸收存款、发放贷款或进行其他非许可的业务活动，仅仅是在规定的某一地理范围内接洽、联络其总行和该地/该国客户之间的业务，为总行提供当地的政治、经济、法律、银行业务等方面的信息。海外代表处的资金和一切开支均由总行提供。当预期的市场业务量太少，不值得投资建立分行，或是当地机会不确定，抑或是银行在决定是否进一步扩大之前想以最小的成本了解某个海外市场的时候，设立海外代表处是最合适的。海外代表处往往是设立海外分行的准备，一般在几年以后代表处就可上升为海外分行，除非业务上不需要或东道国不允许。

4. 附属银行

附属银行（Subsidiary Bank）又称“子银行”，是国内银行在国外按东道国法律注册的独立银行，是一个独立的法人机构。其股权全部或大部分由国内银行持有，其余股权可能为东道国或其他外国银行所持有，由于国内银行占有全部或大部分的股权，因此，国内银行拥有对附属银行的绝对控制权，但其一切经营都按当地的法律和规定办理，并受东道国金融监管。和附属银行类似，也是按所在国家法律注册的独立银行，但国内母银行仅占其部分股权，不能完全控制该银行，此银行称联营银行（Affiliated Bank）或称其为母行的离枝银行。

5. 兼并

开拓海外业务网点的另一种方式是兼并。兼并当地银行，即可在投入少量资金的情况下，利用原有金融机构的经营框架、体系、制度，原有的符合当地法律与经营管理政策要求的经营方式，原有的职员和部分高级职员以及原有的办公设备；同时，还可以存续原有的客户以及与各种政府机构、金融机构和企业集团等的关系，这将使兼并银行在原有基础上扩张经营，降低经营成本，且较易符合当地法律对金融机构监管的要求，故这种方式已经被许多外国银行所采用。

（二）世界100家著名的国际结算银行名称

国家名称	银行名称及其排名
美国	1. Citibank 花旗银行（1） 2. Bank of America 美洲银行（9） 3. Chase Manhattan Bank 大通曼哈顿银行（19） 4. Manufacturers Hanvor Trust 汉华实业银行（27） 5. J. P. Morgan 摩根银行（31） 6. Chemical（New York）Bank 化学银行（43） 7. Security Pacific 安全太平洋银行（47） 8. Bankers Trust 银行家信托公司（52） 9. First Interstate Bancorp 第一洲际银行（53） 10. First Chicago 芝加哥第一银行（69） 11. Mellon Bank 梅隆银行（83） 12. Continental Lllinois Bank 大陆伊利诺伊银行（86） 13. Wells Fargo Bank 威尔士法戈银行（87） 14. Bank of Boston 波士顿银行（89） 15. First Bank System 第一银行系统（94）

日本	1. Dai－Ichi Kangyo Bank 第一劝业银行（2） 2. Fuji Bank 富士银行（3） 3. Sumitomo Bank 住友银行（4） 4. Mitsubishi Bank 三菱银行（5） 5. Sanwa Bank 三和银行（7） 6. Norinchukin Bank 农业储金银行（11） 7. Industrial Bank of Japan 日本兴业银行（13） 8. Tokai Bank 东海银行（17） 9. Mitsui Bank 三井银行（18） 10. Mitsubishi Trust and Banking 三菱信托银行（21） 11. Sumitomo Trust and Banking 住友信托银行（22） 12. Long Term Credit Bank of Japan 日本长期信用银行（23） 13. Bank of Tokyo 东京银行（24） 14. Taiyo Kobe Bank 太阳神户银行（26） 15. Mitsui Trust and Banking 三井信托银行（28） 16. Daiwa Bank 大和银行（34） 17. Yasuda Trust & Banking 安田信托银行（36） 18. Nippon Credit Bank 日本信贷银行（49） 19. Kyowa Bank 协和银行（51） 20. Toyo Trust & Banking 东洋信托银行（54） 21. Saitama Bank 琦玉银行（58） 22. Shoko Chukin Bank 工商组合中央金库（72）
	23. Hokkaido Takushoku Bank 北海道拓殖银行（73） 24. Bank of Yokohama 横滨银行（76） 25. Zenshinren Bank 合作银行（81） 26. Chuo Trust & Banking 中央信托银行（88）
法国	1. Banque Nationalede Pairs 巴黎国民银行（6） 2. Credit Agricole 农业信贷银行（8） 3. Credit Lyonnais 里昂信贷银行（10） 4. Societe Generale 兴业银行（14） 5. Compagnie Financiere de Paribas 巴黎巴银行（29） 6. CIC Group 工商信贷集团（74） 7. Banque Indosuez 东方汇理苏伊士银行（78） 8. Group des Banque Popalaries 大众银行集团（84） 9. Banque Francaise de Commerce 法国商业银行（98）
英国	1. National Westminster 国民西敏士银行（12） 2. Barclays Bank 巴克莱银行（16） 3. Midland Bank 米兰银行（20） 4. Hongkong and Shanghai Banking 汇丰银行（30） 5. Lloyds Bank 劳埃德银行（35） 6. Stand-Chartered Bank 标准麦加利银行（64）

（续上表）

国家名称	银行名称及其排名
德国	1. Deutsche Bank 德意志银行（15） 2. Dresdner Bank 德累斯顿银行（25） 3. Deutsche Landes Bank 德意志地方银行（38） 4. Commerz Bank 商业银行（42） 5. Bayerische Vereins Bank 巴伐利亚联合银行（45） 6. Bayerische Hypothekenaund Wechsel 巴伐利亚抵押汇兑银行（57） 7. Bayerische Landes Bank 巴伐利亚州银行（62） 8. Deutsche Gemossenschalts Bank 德意志合作银行（63） 9. Norddentsche Landes Bank 北德意志州银行（70） 10. Bank fur Gemeinwirischaft 公共经济银行（91） 11. Hessische Landes Bank 黑森地方汇划中心（96）
加拿大	1. Royal Bank of Canada 加拿大皇家银行（32） 2. Bank of Mantreal 蒙特利尔银行（40） 3. Canadian Imperial Bank of Commerce 加拿大帝国商业银行（46） 4. Bank of Nova Scotia 诺伐斯科西亚银行（60） 5. Toronto Dominion Bank 多伦多自治领银行（75）
瑞士	1. Union Bank of Switzerland 瑞士联合银行（33） 2. Swiss Bank Corp 瑞士银行（37） 3. Credit Suisse 瑞士信贷银行（61）
意大利	1. Banca Nazionale del La-voro 国民劳动银行（39） 2. Banca Commerciale Italiana 意大利商业银行（56） 3. Istituto Bancario Sanpalol di Torino 都灵圣保罗银行（59） 4. Monte dei pascht di Siena 西雅那银行（66） 5. Cassa di Risparmio Delle Paovincie Lombarde 伦巴第省储蓄银行（67） 6. Banco di Roma 罗马银行（68） 7. Credit Italiano 意大利信贷银行（71） 8. Banco di Napoli 那坡里银行（85）
中国	Bank of China 中国银行（41）
巴西	Banco do Brasil 巴西银行（44）
荷兰	1. Algemene Bank Nederland 荷兰通用银行（48） 2. Amsterdam-Rotterdam Bank 阿鹿银行（50） 3. Rabobank 农业合作社中央银行（55） 4. Nederlandsche Middenstands Bank 荷兰密登斯坦银行（93）
比利时	1. Generale de Banque 通用银行（65） 2. BBI Bank Brussels Lambert 布鲁塞尔朗贝银行（92） 3. Krediet Bank 信贷银行（95） 4. Credit Communal de Belgique 比利时公共信贷银行（99）
伊拉克	Rafidain Bank 拉菲丁银行（77）

（续上表）

国家名称	银行名称及其排名
伊朗	Bank Melli Iran 伊朗国民银行（79）
澳大利亚	1. Westpac Banking 西太平洋银行公司（80） 2. Australia & New Zealand Banking Group 澳新银行集团（90）
印度	State Bank of India 印度国家银行（82）
奥地利	Creditanstalt Bankverein 联合信贷银行（97）
西班牙	Banco Central 中央银行（100）

第三节　国际结算电子化

随着计算机网络和通信技术的迅猛发展，结算和清算业务的电子化和网络化发展迅速。在长期的国际结算业务实践中，世界各国的银行之间，总行与分行、分行与分行、代理行与代理行之间，逐步形成了一个完整的印鉴密押识别系统和高效的资金转移账户网络，商人们通过这个庞大的遍布全世界的银行系统进行国际汇兑、单据交易和资金融通，既方便又安全可靠，这就使银行成为国际结算业务的中枢。

一、电子支付系统

支付系统是指由提供支付服务的终结机构、管理货币转移的法规以及实现支付的技术手段共同组成的，用来清偿经济活动参加者在获取实物资产或金融资产时所承担的债务。电子支付系统是指消费者、商家和金融机构之间使用安全电子手段把支付信息通过信息网络安全地传达到银行或相应的处理机构，以实现货币支付或资产流转的支付系统。电子支付系统是电子商务系统的重要组成部分。

（一）电子支付系统的主要参与者

（1）金融机构或银行。即为收款人或付款人的开户银行。

（2）收款人或付款人。资金划出或接收的个人或团体。

（3）支付网。这是一种商家授权和支付消息的获取平台，它由银行金融机构或第三方银行金融机构设立。它提供支付服务，但不是收、付款人的开户银行。它作为连接因特网与银行金融专用网的中介，将支付信息经协议转换后，传入或传出银行金融专用网，实现金融专用网内收、付款人双方以及双方的开户行之间的资金划转与交割。

（4）金融专用网。包括连接各专业银行与支付网络的各种银行金融专用网。

（二）电子支付系统的类型

根据支付金额的大小，电子支付系统可以分成三种类型：

（1）微付款（Micro-payment），适用于价值大约 4 欧元的交易。这种付款方案是建立在电子现金规则基础上的，因为这些系统的交易费几乎为零。

（2）消费者级付款（Consumer Payment），适用于价值在 5 ~ 500 欧元之间的交易。典型的消费者级付款是由信用卡交易来执行的。

（3）商业级付款（Business Payment），适用于价值大于 500 欧元的交易。直接借记或开支票是最合适的解决方案。

（三）电子支付系统的要求

电子支付系统各有不同的安全要求和费用要求，由于电子支付发展的需要，人们还创造发明了电子货币，并由此进一步推动了电子支付和电子商务的深化和发展。电子支付系统的具体要求是：

（1）可接受性（Acceptability）。为了获得成功支付，付款的基础设施必须被广泛接受。

（2）匿名性（Anonymity）。如果顾客想要匿名，他们的身份可以受到保护。

（3）可兑换性（Convertibility）。数字货币应能够兑换成其他类型的货币。

（4）效率（Efficiency）。交易的费用应该接近于零。

（5）灵活性（Flexibility）。应能支持多种支付方式。

（6）集成性（Integration）。为支持现有的软件，应创建能与软件集成的接口。

（7）可靠性（Reliability）。付款系统必须十分实用，可以避免孤立的断裂点。

（8）可伸缩性（Scalability）。允许系统加入新的顾客和交易商而不会使付款基础设施崩溃。

（9）安全性（Security）。允许在开放式网络上进行金融交易。

（10）适用性（Usability）。付款至少应与现实生活中的一样容易。

二、清算系统的电子化

（一）国际结算电子化背景

在电子商务方兴未艾的今天，国际结算与银行清算正朝着电子化的方向发展，作为国际贸易重要环节的国际结算的无纸化革命随之到来。

电子网络技术的高速发展使国际贸易近两年来迈向了高效、安全、低成本的网络运作。经过五年多的筹备，一个以互联网为基础，支持国际贸易流程参与各方传输、交换电子单据与数据的 BOLERO 网已建立并开始运作。BOLERO 由欧共体发展创设，由 TT CLUB（THROUGH TRANSPORT CLUB，一家总部设在伦敦的运输业共同保险机构）与 SWIFT 于 1998 年 4 月合资成立。BOLERO 的用户包括国际贸易中的进出口商、银行、保险公司、运输行、承运人、港务机构、海关、检验机构等。

1999 年，一种包括付款与运输流程在内的完全电子化信用证运作已在 BOLERO NET 试验性地小范围操作成功，该试验处理了提单、海关报关单、信用证、保险单等电子单据。BOLERO 的主要成员银行在为进出口商提供国际贸易结算与融资服务中进入无纸化在线操作状态。国际结算环节中，各家银行业务人员经授权进入 BOLERO 中心注册系统，进行开证、通知信用证、审单，并与银行自身的电子结算系统连接完成付款清算等一系列信用证操作。

BOLERO 系统的运作以互联网为支持，以一核心信息平台为主架构，是一个开放、中立、高度安全、合法的电子网络，致力于实现国际贸易的无纸化。使用者签署协议成为成员后，通过互联网交换单据，核查数据，完成贸易过程。它的另一主要特点是通过权利注册申请，允许在线转让货物所有权。BOLERO 系统能够让其使用者按照统一的标准和规则，通过国际互联网实现单据的传输，其目的在于建立一个便于国际贸易中各参与方有效联络的系统。该系统提供了从单据制作、单据管理到单据交换整个过程的安全的数据电子化传送服务。BOLERO 带来了一场贸易电子化革命，它为提高国际贸易时间效率、提高安全性与管理水平、降低成本、减少欺诈、消除贸易障碍作出了巨大贡献。

电子化给国际结算带来的变化主要体现在以下几个方面：①大大缩短了贸易结算流程时间。对信用证结算的出口商而言，国际结算时间将由原来的 10 ~ 15 天缩短到 3 ~ 4 天甚至半天。②单据处理简单化，减少操作差错。由于电子单据具备统一的格式与标准，银行的单据审核与制作大为简化。③风险控制更加有力。BOLERO 为国际贸易的各参与方提供了一个全球范围在线连接的、高度安全的以电子形式存储、传递贸易单据的途径，它的高度安全特性有效降低了欺诈风险。④降低成本。根据相关银行的推测，国际结算在线操作可缩减管理费用 30% 以上。⑤实现数据与货币的同向流动。使在线实时的电子单据、数据交割使预付款结算方式向跟单结算成为可能。

（二）无纸化国际结算进程

BOLERO 新系统的引进使银行能为进出口客户提供一个更高效率、更安全可靠的贸易环境，帮助贸易链中的各方降低成本、提高效率。目前，一些国际知名银行已经加入 BOLERO 系统，它们是花旗银行、汇丰银行、国民西敏寺银行、东京三菱银行、第一劝业银行、三和银行、新加坡华侨银行等。各大银行致力于推广使用 BOLERO 系统，新加坡华侨银行成立专门部门，计划在运行的第一年内，运用该系统为其 4 000 余家贸易客户 15% ~ 20% 的业务提供服务；国民西敏寺银行将 BOLERO 与其自身的电子银行系统结合，BOLERO 用于核查物权单据，银行自身的电子银行系统用于开立信用证和付款。

虽然电子化贸易的发展迅猛，但纸质国际结算方式在一段时间内，特别是在发展中国家将占主要地位，电子网络化国际结算的实务性操作还待统一规范，但是各国签署加入 BOLERO 或其电子贸易结算网络将是今后的发展趋势。

第二章
国际结算货币

各国国际经济的交往，产生了国家与国家之间的债权债务，这些债权债务的收付需要使用货币进行结清，从而产生了国际结算、货币信用等问题。在现代社会，由于各国银行集中了本国对外国的债权要求和债务责任，银行进行国际汇兑时，只需调整各自在对方银行对应账户的存款余额就可进行债权和债务的相互抵消。因此，现代国际汇兑的产生是以发达的银行体系为前提的。而外汇则是国际结算的支付工具，各结算银行通过货币与货币之间的汇率折算，给清国家之间的债权债务。

第一节　外汇

一、外汇的基本内容

外汇是“国际汇兑”（Foreign Exchange）的简称，其有动态和静态两种含义。由于各国货币所代表的价值及其货币名称、货币单位各不相同，一国的法偿货币不能在他国流通使用，因此，在国际经济交往过程中产生的大量国家间的债权和债务关系，必须进行国际汇兑，即把一种货币通过“汇”（国际结算）和“兑”（外汇交易），转换成另一种货币，实现资金的国际转移，清偿国际的债权和债务。国际的这种汇兑活动，是外汇的动态含义。

国际货币信用活动中所广泛使用的“外汇”一词，是对外汇的静态形式而言的。外汇的一般含义，是指以外国货币所表示的国际支付手段，即可以直接偿付对外债务，实现购买力国际转移的外币资金。所谓国际支付手段，是指可以用作国际支付使用的外国现钞、银行存款以及各种票据和有价证券等。

国际货币基金组织对外汇所作的解释是：“外汇是货币行政当局（中央银行、货币机构、外汇平准基金组织及财政部）以银行存款、财政部国库券、长短期政府债券等形式所保有的，在国际收支逆差时可以使用的债权。”这个解释把外汇只作为一项储备资产。

按照我国外汇管理暂行条例的规定，外汇包括：①外国货币：钞票、铸币等；②外币有价证券：政府公债、国库券、公司债券、股票、息票等；③外汇支付凭证等：票据、银行存款凭证、邮政储蓄凭证等；④其他外汇资金。

从以上的解释中可以看出，外汇的构成条件有四个：第一、国际性。外汇必须是以外币表示的国外资产，而用本国货币表示的信用工具和有价证券不能视为外汇；第二、可偿性。外汇必须是在国外能够得到补偿的债权；第三、可兑换性。外汇必须是能够兑换成其他支付手段的外币资产，也就是说，用可自由兑换货币表示的支付手段；第四、具有金融资产的特性。即具有收益性、流动性、风险性。

二、外汇的作用

外汇作为国际经济往来发展的产物，是债权、债务转移的重要手段。由于持有外汇在本质上代表了对外国商品和劳务的要求权，因此，在各类经济社会中，外汇都很受政府、企业和个人的重视。其主要作用有以下四方面：

(1) 外汇可作为国际支付手段。外汇是国际商品和劳务交流、转换的关键媒介，有了外汇，就可以实现国际购买力的转移，使国际债权债务得以顺利清偿。

(2) 外汇可促进国际贸易发展和国际资本流动。外汇是国际经济联系发展的产物，外汇作为国际银行业务的工具，可以低成本、低风险、快速、安全地清偿国际的债权债务，加速资金周转，促进国际商品交换和资本流动的发展。

(3) 外汇可调剂国际资金余缺。由于世界各国经济发展不平衡，资金供需状况也不平衡，客观上需要进行资金调节。外汇是一种实际资源，可有偿转让使用，外汇资金的流动能满足各国经济建设的需要。

(4) 外汇是政府干预经济活动的重要工具。外汇是一国国际储备的重要组成部分，持有外汇，就是持有实际资源，要获得外汇，就必须提供本国的商品和劳务，而获得了外汇以后，也就可以购买和获得其他国家的商品和劳务；另外，政府通过外汇政策及外汇管理措施，可以对国内的生产、消费、物价等进行控制；政府可通过外汇政策及措施的运用，为本国货币谋求适当的对外比值，从而实现国内物价稳定、对外出口扩大、国家外汇储备增加等目的。

外汇作为清偿国际债务的手段，同黄金一样，可以作为国家的储备资产。因此，外汇构成国际储备的一个重要组成部分。

三、外汇形态

外汇形态是指外汇作为价值实体的存在形式。在国际支付中，伴随着资金的国际运动，外汇有不同的存在形式。外汇基本形式主要有如下几种：

(1) 外汇存款。

外汇存款是指以可自由兑换货币表示的各种银行存款。在商品经济的社会里，国际的经济、政治、文化以及其他各种来往，必然形成国际债权债务关系。存款是价值运动在一定时点上的静态表现，是通过信用方式偿付国际债权债务和实现资金国际转移的先决条件，国际金融市场的货币借贷、资本借贷、外汇交易以及其他信用活动，必须以存款为基础。

外汇存款作为外汇价值实体的主要表现形式，是以不同种类的可自由兑换货币所表示的。各种货币名称的外币存款，代表着各自货币的价值实体。因此，外币存款通常要转存于货币发行国，但由于离岸金融市场的存在以及国际金融交易的需要，各种外币存款也在各国商业银行之间相互转存。外币存款的种类按照货币名称划分，种类繁多，国际上使用广泛的外币存款是美元存款、英镑存款、日元存款以及欧元存款等。外币存款按照不同的存款对象又可分为银行同业存款、国际金融机构存款、官方机构存款、企业存款和私人存款等。

（2）外汇支付凭证。

外汇支付凭证是指以可自由兑换货币表示的各种信用工具，主要是汇票、本票、支票、旅行支票和信用卡。持票人凭此可获得规定的外汇资金。

汇票是由出票人签发，要求付款人按照约定的付款期限对指定人或持票人无条件支付一定金额的书面命令；本票是由出票人向收款人签发的于指定到期日无条件支付一定金额的书面承诺；支票是由出票人向收款人签发的委托银行见票后无条件支付一定金额的书面命令；旅行支票是银行专供旅游者支付劳务费用而发行的一种支付凭证，旅行支票的金额是固定的；信用卡是银行等信用机构对具有一定资信的顾客发行的一种支付工具，持有该信用工具的顾客，可在一定额度内，获得信用机构提供的短期消费信贷。

（3）外币有价证券。

外币有价证券是指以可自由兑换货币表示的用以表明财产所有权或债权的凭证，基本形式是股票、债券和可转让存款单。外币有价证券对持有人来说是一种外汇索取权。股票是表明投资者拥有股份企业一定比例财产的所有权证书。股票作为一种资产凭证，没有期限，投资者在需要资金时，可在股票市场上出售转让收回投资；债券是具有一定票面金额的债权凭证。债券持有者到期可向借款人收回本金并取得利息；可转让存款单是指可在票据市场上流通转让的定期存款凭证。这种存款单面额较大，如美元可转让存款单通常有5万、10万、50万、100万美元等多种不同面额。

（4）外币现钞与其他外汇资金。

外币现钞是指以可自由兑换货币表示的货币现钞。不同的外币现钞由不同的主权国家发行的，如美元现钞是由美国联邦储备银行发行。不同币种的现钞有不同的货币名称和价值单位，并作为货币发行国的法偿货币流通使用。在国际支付中，外币现钞作为支付手段，通常在非贸易往来中使用，如文化交流、旅游等方面。国际上常用的外币现钞主要有美元、欧元、日元、英镑、澳元、加元、港币等。国际标准化组织（ISO）与联合国欧洲经济委员会共同制定颁布了一套以三位英文字母表示各国货币的国际标准，没有采用＄、￡、￥等特殊字符，避免了许多计算机输入输出缺少这些特殊字符所造成的麻烦，已被SWIFT等国际性计算机网络和数据处理系统所采用，并已为一些国家和地区的金融机构和银行所接受。

其他外汇资金主要包括：在国外的各种投资及收益；各种外汇放款及利息收入；在国际货币基金组织的储备头寸；国际结算中发生的各项外汇应收款项；国际金融市场借款、国际金融组织借款、银行同业拆入等。

四、国际结算中常用的外汇

外汇行情中常用的主要外汇币种见表2-1，国际结算中常用的外汇见表2-2。

表 2－1　主要外汇币种

货币名称	货币代号	货币名称	货币代号
英镑	GBP		
美元	USD	港币	HKD
欧元	EUR	韩元	KRW
加元	CAD	日元	JPY
澳元	AUD	科威特第纳尔	KWD
新加坡元	SGD	澳门元	MOP
新西兰元	NZD	马来西亚林吉特	MYR
人民币	CNY	菲律宾比索	PHP
巴基斯坦卢比	PKR	阿尔及利亚第纳尔	DZD
泰国铢	THB	丹麦克朗	DKK
挪威法郎	NOK	瑞典克朗	SEK
瑞士法郎	CHF	俄罗斯卢布	SUR

表 2－2　国际结算中常用的外汇

常用结算货币名称	发行机构	货币符号	辅币进位	钞票面值
美元	美国联邦储备银行（U. S. FEDERAL RESERVE BANK）	USD	1 美元＝100 分（CENTS）	钞票面额有 1、2、5、10、20、50、100 元七种。辅币有 1 分、5 分、10 分、25 分、50 分等。
欧元	欧洲中央银行（EUROPEAN CENTRAL BANK）	EUR	1 欧元＝100 欧分（CENTS）	钞票面额有 5、10、20、50、100、200、500 欧元。辅币有 1、2、5、10、20、50 欧分和 1 欧元、2 欧元共 8 个面值。
英镑	英格兰银行（BANK OF ENGLAND）	GBP	1 镑＝100 便士（PENCE）	钞票面额有 5、10、20、50 镑，辅币有 1 镑，50，20、10、5、2、1 便士共 7 种面值。
瑞士法郎	瑞士国家银行（BANQUE NATIONALE SUISSE）	CHF	1 瑞士法郎＝100 生丁（CEN-TIMES）	纸币面额有 10、20、50、100、500、1 000法郎，辅币有 1、2、5 法郎和 1、2、5、10、20、50 分等。
日元	日本银行（NIPPON GINKO）	JPY	1 日元＝100 钱（SEN）	钞票面值有 500、1 000、5 000、10 000 元，辅币有 1、5、10、50、100 元等。

（续上表）

常用结算货币名称	发行机构	货币符号	辅币进位	钞票面值
澳元	澳大利亚储备银行（RESERVE BANK OF AUSTRALIA）	AUD	1澳元=100分（CENTS）	钞票面值有5、10、20、50、100元，辅币有1、2、5、10、20、50分。
加元	加拿大银行（BANK OF CANADA）	CAD	1元 = 100分（CENTS）	钞票面值有2、5、10、20、50、100、1 000元，辅币有1元和1、5、10、25、50分。
新加坡元	新加坡货币发行局（BOARD OF COMMISSIONERS OF CURRENCY）	SGD	1元 = 100分（CENTS）	钞票面额有1、2、5、10、50、100、500、1 000、10 000元。辅币有1分、5分、1角、2角和5角。
港币	港币的发钞行有三家。汇丰银行（HONGKONG AND SHANGHAI BANKING CORPRATION）、渣打银行（STANDARD CHARTERED BANK）、中国银行（BANK OF CHINA）	HKD	1元 = 100分（CENTS）	钞票面额：纸币面额为10、20、50、100、500、1 000元，辅币有1、2、5、10元和1毫、2毫、5毫等。

第二节　汇率及其标价方法

由于一个国家的货币只能在本国主权范围内使用，而进行国际货款的收付时，人们一般只接受在国际上可以自由兑换的货币作为彼此之间债权债务的结算工具。因此，在国际结算中，就涉及本国货币与外汇的兑换问题，因而汇率便成为货币兑换的依据。

一、汇率的概念

汇率，又称汇价，是两种不同货币之间的比价，通俗地说，即用一国货币购买另一国货币的价格。比如：USD1/JPY1 = 89.44，表示一美元等于89.44日元，在这里美元称为单位货币，日元称为计价货币。由此类推，根据中国人民银行授权中国外汇交易中心公布的数据，2010年1月8日银行间外汇市场上美元等交易货币对人民币汇率的中间价为：1美元兑换人民币6.827 2元，1欧元兑换人民币9.323 9元，1日元兑换人民币0.076 3元，1港元兑换人民币0.8765元，1英镑兑换人民币10.663 4元。见表2－3。

表 2-3 银行间外汇市场外汇报价

	美元	人民币	日元	欧元	英镑	瑞郎	澳元	加元	港币	新加坡元	纽元	瑞典克朗	韩元（万）	泰铢
美元	1	6.827 2	89.44	0.732 2	0.640 2	1.075 1	1.152 5	1.070 8	7.771 1	1.420 3	1.452 9	7.452 8	0.117	33.15
人民币	0.146 5	1	13.1	0.107 3	0.093 8	0.157 5	0.168 8	0.156 8	1.138 3	0.208	0.212 8	1.091 6	0.017	4.86
日元	0.011 2	0.076 3	1	0.008 2	0.007 2	0.011 2	0.012 9	0.011 6	0.086 9	0.015 9	0.016 2	0.083 3	0.001	0.37
欧元	1.365 7	9.323 9	122.13	1	0.874 3	1.468 5	1.574 1	1.462 1	10.612 2	1.939 7	1.984 2	10.178 3	0.16	45.27
英镑	1.561 9	10.663 4	139.68	1.143 8	1	1.679 6	1.800 2	1.672 3	12.137 7	2.218 4	2.269 2	11.640 5	0.183	51.78
瑞郎	0.930 1	6.350 3	88.96	0.681	0.595 4	1	1.071 9	0.995 6	7.226 2	1.321 1	1.351 4	6.932 2	0.109	30.83
澳元	0.867 7	5.923 6	77.58	0.635 3	0.555 5	0.932 9	1	0.928 8	6.741 8	1.232 3	1.260 6	6.4664	0.102	28.76
加元	0.9339	6.376 1	85.86	0.683 9	0.598	1.004 4	1.076 7	1	7.257 6	1.326 5	1.356 9	6.960 4	0.109	30.96
港币	0.128 7	0.878 5	11.51	0.094 2	0.082 6	0.138 4	0.148 3	0.137 8	1	0.182 8	0.187	0.959	0.015	4.27
新加坡元	0.7041	4.806 9	62.97	0.515 5	0.450 8	0.757	0.811 5	0.753 9	5.471 4	1	1.022 9	5.247 3	0.083	23.34
纽元	0.688 3	4.699 2	61.56	0.504	0.440 7	0.74	0.793 3	0.737	5.348 8	0.977 6	1	5.129 8	0.081	22.82
瑞典克朗	0.134 2	0.916 1	12	0.098 2	0.085 9	0.1443	0.154 6	0.143 7	1.042 7	0.190 6	0.196 9	1	0.016	4.45
韩元（万）	8.53	58.26	763.21	6.25	5.46	9.17	9.83	9.14	66.31	12.12	12.4	63.6	1	282.87
泰铢	0.03	0.206	2.7	0.022	0.019	0.032	0.035	0.032	0.234	0.043	0.044	0.225	0.004	1

资料来源：http：//forex. jrj. com. cn/list/whbjList. shtml

在实际的外汇兑换时，我们还可以采用在网上查询并换算的方法，换算出我们可以兑换的外汇数量，具体查询的网站是：http：//www. 123cha. com/hl/。例如，某客户需要将50 000元人民币兑换成欧元，即可在左边的表格中点击人民币，在右边的表格点击欧元，然后在下面的方格中输入50 000，最后点击“123”，得出50 000元可兑换成5 370欧元。

二、汇率的种类

汇率的种类很多，有各种不同的划分方法，特别是在实际业务中，从不同角度来划分，就有各种不同的汇率。

（一）从银行买卖外汇的角度划分

（1）买入汇率（Buying Rate or Bid Rate）。这是银行从客户或其他银行买入外汇时所使用的汇率，又称为买入价。

（2）卖出汇率（Selling Rate or Offer Rate）。这是银行向客户或其他银行卖出外汇时所使用的汇率，又称为卖出价。外汇银行等金融机构买卖外汇是以赢利为目的的，其卖出价与买入价的差价（Bid/Offer Spread）就是其收益，因此，银行的外汇卖出价必然高于其买入价。外汇买卖的差价率一般在1‰～5‰。

由于国际牌价数字的标价排列总是前一数字小，后一数字大，因而在不同的标价法下，买卖价的排列顺序也就不同。在直接标价法下，汇价的前一数字为买入价，后一数字为卖出价。如在日本东京外汇市场，USD1 = JPY89.57 - 89.69，则 USD1 = JPY89.57 是银行买入美元的价格，USD1 = JPY89.69 是银行卖出美元的价格。对于直接标价法，以本币表示一定单位外币的数值越小，表明外汇越便宜；数值越大，则外汇越贵。在间接标价法下，汇价的前一数字为卖出价，后一数字为买入价。如在美国纽约外汇市场，USD1 =

HKD7. 733 0 – 7. 733 5，则银行买入 7. 733 5 港元需付出 1 美元，而卖出 7. 733 0 港元收入 1 美元。对于间接标价法，数值越小，表明外汇越贵；数值越大，则外汇越便宜。

（3）中间汇率（Mid Point），又称中间价。这是买入价与卖出价的算术平均数，即中间价 = （买入价 + 卖出价）/2。例如，根据 2009 年 12 月 11 日人民币对美元的汇率：USD100 = 681. 38 – 684. 12，由此得出美元兑换成人民币的中间价是（681. 38 + 684. 12）CNY/2 = 682. 75。此汇率不适用于一般顾客，金融类报刊报道外汇行情信息时常用中间汇率。

（4）现钞汇率。它是指银行买卖外汇现钞所使用的汇率，也有买入价与卖出价之分。一般来讲，外汇现钞的买入价比外汇汇票等支付凭证的价格低。因原则上外汇不能在本国流通，银行购入外币支付凭证以后，通过航邮划账，可以很快存入外国银行获得利息或调拨动用。银行买入现钞后，要经过一段时间，积累到一定数额后，才能将其运送到外国银行，在此期间，买进现钞的银行要承受一定的利息损失；而且现钞在运送到国外的过程中，还要支付运费、保险费等。因此，外汇现钞的买入汇率要低于一般外汇支付凭证的买入汇率。同样，外汇现钞卖出汇率一般高于或等于汇票卖出汇率。见表 2 – 4。

表 2 – 4　人民币的现钞汇率

币种	交易单位	中间价	现汇买入价	现钞买入价	卖出价
美元（USD）	100	682. 75	681. 38	675. 92	684. 12
港币（HKD）	100	88. 09	87. 91	87. 30	88. 27
欧元（EUP）	100	1 110. 70	1 106. 26	1 071. 27	1 115. 14
日元（JPY）	100	7. 72	7. 69	7. 45	7. 75

资料来源：forex. baidu. com/rmb/index. html

（二）按汇率制度划分

（1）固定汇率（Fixed Exchange Rate）。它是指两国货币的汇率基本固定，汇率的波动被限制在较小的幅度之内。在金本位制度下，汇率决定的基础是两国铸币含金量的对比，汇率的波动受黄金输送点的限制，故称为固定汇率制度。第二次世界大战以后建立起来的以美元为中心的汇率制度，是根据两国货币法定含金量的对比决定固定汇率。各国政府有义务通过干预外汇市场保证汇率波动不超过一定的幅度，这是纸币流通初期的固定汇率制度，也称金汇兑本位制。在固定汇率制度下，如果政府因为特殊情况而无法维持原来的汇率水平时，就会对汇率进行调整，如果将本币币值上调，则称为法定升值（Revaluation）；如果将本币币值下调，则称为法定贬值（Devaluation）。

（2）浮动汇率（Floating Exchange Rate）。它是指一国货币当局不规定本国货币与另一国货币的官方汇率，听任外汇市场的供求来决定的汇率。外币供过于求时，外币就贬值（Depreciation）、本币就升值（Appreciation），外币的汇率就下降；外币供不应求时，外币就升值、本币就贬值，外币的汇率就上浮。实行浮动汇率制的国家，往往根据各自经济政策的需要，对汇率变动进行干预或施加影响。因此，国际上根据政府有无干预浮动汇率，将其分为“自由浮动”（Free Floating）汇率和“管理浮动”（Managed Floating）汇率。浮动汇率制是在 1973 年布雷顿森林国际货币体系固定汇率制崩溃后各国相继实行的。

（三）按制定汇率的方法划分

（1）基本汇率（Basic Rate）。它是指本国货币（Local Currency）与关键货币（Key Currency）或载体货币（Vehicle Currency）的汇率。由于各国的货币制度不同，在制定汇率时，必须选择某一国家的货币作为关键货币。对关键货币的选择是有条件的，它应是本国国际收支中使用较多、在外汇储备中所占比重较大且国际上普遍可以接受的货币。由于美元是国际收支中使用较多的货币，且被广为接受，所以绝大多数国家都把美元作为制定汇率的关键货币，因此常把对美元的汇率作为基本汇率。

（2）套算汇率（Cross Rate），又称为交叉汇率。它是指通过以第三种货币为中介而推算出来的两种货币汇率。套算汇率的应用有两种情况：第一，由于世界主要外汇市场只公布各种货币对美元的汇率，而不能直接反映其他货币之间的汇率，因此要求其他货币之间的汇率，必须通过其对美元的汇率进行套算。第二，各国在制定出基本汇率后，对其他国家货币的汇率就可通过基本汇率套算出来。

（四）按银行外汇汇付方式划分

（1）电汇汇率（Telegraphic Transfer Rate，T/T Rate）。它是指经营外汇业务的本国银行，在卖出外汇收到本币的当天，即以电报或电传的方式委托其国外分支机构或代理行，委托其付款给收款人所使用的一种汇率。电汇的凭证是电报汇款委托书，由于电汇在售出外汇的当天或次日就在其国外代理行的账户中支出价值相等的外汇，因此其收付快捷，银行不能占用客户的资金头寸，同时可使客户减少甚至避免由于汇率波动带来的风险。再者，国际电报费用较高，所以电汇汇率最高。但在汇率波动日益频繁的今天，人们大多愿意使用电汇方式。电汇汇率已成为基本汇率，当前各国公布的外汇牌价，除另有注明外，一般都是电汇汇率。

（2）信汇汇率（Mail Transfer Rate，M/T Rate）。它是指以信汇方式卖出外汇时的价格。信汇是由经营外汇业务的银行开具付款委托书，用信函方式寄给国外代理行，委托其付款给指定收款人的汇款方式。信汇的凭证就是信汇付款委托书。由于信汇付款委托书的邮递需要一定的时间，银行在这段时间内可占用客户的资金，而且信函邮寄费相对较低，因此，信汇汇率比电汇汇率低，但使用较少。

（3）票汇汇率（Demand Draft Rate，D/D Rate）。它是指银行以票汇方式卖出外汇时的价格。票汇是指银行在卖出外汇时，开立一张由其国外分支机构或代理行付款的汇票交给汇款人，由其自带或寄往国外凭票取款。票汇的凭证是银行汇票，汇票的特点是收款人通过背书可以转让。由于票汇从卖出外汇到支付外汇有一定的时间间隔，银行可以在此期间占用客户资金，获取利息，故票汇汇率较电汇汇率低。票汇按期限长短，可分为短期汇票和长期汇票。由于期限不同，银行占用其资金头寸的时间也不同，因此长期汇票的汇率比短期汇票汇率更低。

（五）按外汇买卖的交割期限划分

（1）即期汇率（Spot Rate）。也叫现汇汇率，是指买卖外汇双方在成交当天或两天以内办理交割的汇率。交割（Delivery）是指外汇业务中两种货币的对应实际收付行为。

（2）远期汇率（Forward Rate）。远期汇率是指外汇买卖双方预约在将来某个日期进行交割，而事先由买卖双方签订合同，达成协议的汇率。到了交割日期，不管汇率是否有变化，都按预先约定的汇率进行交割。远期交割的期限可以是 1 个月、3 个月、6 个月、1

年，比较常见的是3个月期，采用远期汇率进行远期外汇买卖的主要目的是避免或减轻外汇汇率波动所带来的风险。

远期外汇的汇率与即期汇率相比是有差额的，这种差额叫远期差价。差额是用升水(Premium)、贴水（Discount）或平价（At Par）来表示的，升水表示远期汇率比即期汇率贵，贴水表示远期汇率比即期汇率便宜，平价表示两者相等。一般情况下，远期汇率的标价方法是仅标出远期的升水数或贴水数。在直接标价法的情况下，汇率如果是远期升水，就在即期汇率的基础上，加上升水数，即为远期汇率；如果是远期贴水，就在即期汇率的基础上减去贴水数，即为远期汇率。在间接标价法的情况下，正好相反，汇率如果是远期升水，就要在即期汇率的基础上减去升水数，即为远期汇率；如果是远期贴水，就要在即期汇率的基础上加上贴水数，即为远期汇率。

案例分析

假设在伦敦外汇市场（间接标价法）上，若英镑与美元的即期汇率为1英镑=1.560 9美元，3个月后美元远期汇率升水0.51美分，则3个月后的美元远期汇率为1英镑=1.560 9-0.005 1=1.555 8美元；若其贴水0.51美分，则3个月后的美元汇率为1英镑=1.560 9+0.005 1=1.566 0美元。而在新加坡外汇市场上（直接标价法），若美元与新加坡元的即期汇率为1美元=1.421 9新加坡元，3个月后新加坡元贴水0.22分，则3个月后的美元与新加坡元的汇率为1美元=1.421 9+0.002 2=1.424 1新加坡元；若新加坡元升水0.22分，则3个月后的美元与新加坡元的汇率为1美元=1.421 9-0.002 2=1.419 7新加坡元。

远期汇率的升水数或贴水数，也可以用点数来表示。远期汇率中的1点，即为0.000 1，因远期汇率有买入价和卖出价两栏，所以，其远期升或贴水数也有大小两个数。在这种远期汇率的表示方法中，远期汇率的计算方法是：若远期点数前一个数字大于后一个数，则不论在直接标价还是间接标价法下，都用即期汇率加远期点数，反之，则用即期汇率减远期点数。因此，在直接标价法的情况下，远期点数前一个数字小于后一个数字，说明远期外汇升水；反之，则说明远期外汇贴水。在间接标价法下，情况正好相反。

案例分析

在纽约外汇市场（间接标价法）上，美元与瑞士法郎之间的汇率为：

	即期汇率	3个月远期
美元/瑞士法郎	1.075 1-1.077 1	10-15

从给出的汇率得知，美元与瑞士法郎的远期点数为前一个数字小于后一个数字，说明瑞士法郎贴水，故应该用加法来计算远期汇率。即美元与瑞士法郎的远期汇率为1美元=1.076 1-1.078 6瑞士法郎。

（六）按照对汇率的管理宽严划分

(1) 官方汇率（Official Exchange Rate）。这是指国家货币管理当局（中央银行或外汇管理当局）所规定的汇率。在实施比较严格的外汇管制的国家，禁止自由外汇市场的存在，规定一切交易都按其公布的汇率进行。许多发展中国家属这种类型，在外汇管理较宽松的国家，官方汇率只是起中心汇率的作用。

（2）市场汇率（Market Exchange Rate）。这是指在自由外汇市场上买卖外汇的实际汇率，且随外汇市场的外汇供求情况上下波动。政府要想对其汇率进行调节，就必须对外汇市场进行干预。目前西方发达国家都采取市场汇率。我国自 1994 年 1 月 1 日起开始实行有管理的单一浮动汇率制后，也开始采用市场汇率。

（3）黑市汇率（Black Market Rate）。在外汇管制较严的国家，往往存在进行外汇交易的地下市场，即外汇黑市，在这个市场上交易参照的汇率就是黑市汇率。黑市汇率在一定程度上接近于市场汇率，但仍与自由市场汇率有区别，因为外汇黑市的供求关系具有较强的盲目性，并且交易操作不慎规范。

（七）按汇率的适用范围划分

（1）单一汇率（Single Exchange Rate）。这是指一国货币对某外国货币的汇价只有一个，各种不同来源和用途的收付均按此计算。

（2）多重汇率（Multiple Exchange Rate）。它又称复汇率，是指一国货币对某一种外币的汇价根据用途或交易项目的不同，而规定两种或两种以上的汇率。其目的在于奖励出口，限制进口，限制资本的流入或流出，以改善国际收支状况。例如，对贸易项目和非贸易项目采取不同汇率。复汇率实际上是进行外汇管制的一种特殊方式，多为经济不发达国家所采用。

（八）按银行营业时间划分

（1）开盘汇率（Opening Rate）。也称开盘价，是指外汇银行在一个营业日刚开始营业时进行外汇交易所使用的汇率。

（2）收盘汇率（Closing Rate）。也称收盘价，是指外汇银行一个营业日的最后一笔外汇交易使用的汇率。

（九）按是否考虑通货膨胀因素划分

（1）名义汇率（Nominal Exchange Rate）。它是指不考虑通货膨胀因素的影响，单纯由外汇市场供求关系所决定的汇率。外汇市场上进行外汇交易的汇率就是名义汇率。

（2）实际汇率（Real Exchange Rate）。它是指剔除了由于通货膨胀因素所导致的货币购买力下降的影响的汇率。实际汇率是相对于名义汇率而言的，两者之间的近似关系为：实际汇率 = 名义汇率 - 通货膨胀率。

（十）按一国货币汇率的计算是否综合考虑本国与多个贸易伙伴国货币的汇率划分

（1）双边汇率（Bilateral Exchange Rate），即只考虑两国之间的货币汇率，而不涉及其他贸易伙伴国。

（2）有效汇率（Effective Exchange Rate），又称多边汇率（Multilateral Exchange Rate），它是一国货币相对于其他多种货币所形成的双边汇率的加权平均值，是研究一国的对外贸易状况时经常采用的经济指标之一。要计算本币的有效汇率，首先要选择本币与若干有代表性的货币的双边汇率，然后为每个双边汇率分别确定一个权重。一般情况下，权重设定为本国对贸易伙伴国的贸易额占本国全部对外贸易总额的比率，因此，有效汇率又称贸易加权汇率。

三、汇率的标价方法

折算两个国家的货币，首先要明确以哪个国家的货币作为标准，通过变动另一国家的货币来反映比价。由于确定的比较标准不同，常用的标价方法包括直接标价法、间接标价法、美元标价法。

（1）直接标价法。又叫应付标价法，是以一定单位（如100个单位）的外国货币为标准来计算应付出多少单位本国货币。就相当于计算购买一定单位外币所应付多少本币，所以叫应付标价法。在直接标价下，外国货币可称为基础货币，本国货币可称为标价货币。目前，包括中国在内的世界上绝大多数国家都采用直接标价法。在国际外汇市场上，日元、瑞士法郎、加元等均为直接标价法，如根据2010年2月8日人民币外汇市场汇率。见表2－5。

表2－5　直接标价法的汇率

代码	名称	中间价	钞买价	汇买价	钞/汇卖价	涨跌额	涨跌幅↓	日期
JPY	日元	7.639 8	7.374 9	7.609 9	7.671 0	0. 018 0	0.236 2%	2010－02－08
CAD	加拿大元	637.300 0	615.160 0	634.150 0	639.850 0	1.010 0	0.158 7%	2010－02－08
SGD	新加坡元	480.870 0	464.160 0	478.940 0	482.190 0	0. 440 0	0.091 6%	2010－02－08
USD	美元	682.730 0	675.880 0	681.340 0	684.080 0	0.010 0	0.001 5%	2010－02－08
MOP	澳门元	85. 550 0	84.670 0	85. 390 0	85.710 0	0. 000 0	0 000 0%	2010－02－08
HKD	港币	87.850 0	86.970 0	87.670 0	88.000 0	－0.010 0	－0.011 4%	2010－02－08
NZD	新西兰元	469.570 0	0. 000 0	467. 690 0	411.450 0	－0.080 0	－0.017 0%	2010－02－08
AUD	澳大利亚元	592.080 0	571.510 0	589. 710 0	594.450 0	－0.160 0	－0.027 0%	2011－02－08
PHP	菲律宾比索	14.680 0	14.170 0	14.620 0	14.740 0	－0.010 0	－0. 0681%	2010－02－08
THB	泰国铢	20.550 0	19.840 0	20.470 0	20.630 0	－0.020 0	－0.0972%	2010－02－08
SEK	瑞典克朗	91.520 0	88.330 0	91.150 0	91. 880 0	－0.090 0	－0.098 2%	2010－02－08
KRW	韩国元	0.570 1	0.546 4	0.000 0	0.593 8	0.001 0	－0.175 1%	2010－02－08
NOK	挪威克朗	113.890 0	109.930 0	113.430 0	114.341 00	－0.390 0	0.341 3%	2010－02－08
DKK	丹麦克朗	125.110 0	120.820 0	124.670 0	125.670 0	－0.490 0	－0.389 9%	2010－02－08
EUR	欧元	932.850 0	899.550 0	928.210 0	935.6610 0	－4.760 0	－0.507 7%	2010－02－08
CHF	瑞士法郎	635.020 0	612.950 0	632.480 0	637.560 0	－5.500 0	－0.858 7%	2010－02－08
GBP	英镑	1 066.319 9	1 029.040 0	1 061.819 9	1 070.350 0	－9.750 0	－0.906 1%	2010－02－08

数据来源：http：//app.finance.ifeng.com/hq/rmb/list.php

从以上表格中的数据可以看出，在直接标价法下，外国货币的数值是相对固定的，汇率通过人民币数值的变动来体现。在直接标价法下，若一定单位的外币折合的本币数额多于前期，则说明外币币值上升或本币币值下跌，叫做外汇汇率上升；反之，如果要用比原来较少的本币即能兑换到同一数额的外币，这说明外币币值下跌或本币币值上升，叫做外汇汇率下跌，即外币的价值与汇率的涨跌成正比。

（2）间接标价法。它又称应收标价法，是以一定单位（如1个单位）的本国货币为标准，来计算应收若干单位的外国货币。在间接标价下，本国货币可称为基础货币，外国货币可称为标价货币。在国际外汇市场上，欧元、英镑、澳元等均为间接标价法。见表2-6。

表2-6　间接标价法的汇率

代码	名称	最新价	涨跌幅↓	涨跌额	买入价	卖出价	最高价	最低价	昨收盘	行情时间
USD_ CHF	美元瑞郎	1.077 1	0.37%	0.004 0	1.077 1	1.076 8	1.077 2	1.074 6	1.073 1	2010-2-8 星期一 12：00：10
USD_ CAD	美元加元	1.072 1	0.16%	0.001 7	1.072 1	1.071 6	1.073 2	1.068 6	1.070 4	2010-2-8 星期一 12：00：08
USD_ HKD	美元港币	7.812 5	0.00%	0.000 0	7.812 5	7.812 5	7.812 5	7.771 2	7.812 5	2010-1-2 星期五 9：02：36
USD_ SOD	美元新元	1.421 9	-0.06%	-0.000 8	1.421 9	1.420 7	1.422 6	1.418 7	1.422 7	2010-2-8 星期一 11：58：34
VSD_ JPY	美元日元	89.31	-0.10%	-0.09	89.31	89.28	89.46	89.16	89.40	2010-2-8 星期一 12：00：08
GBP_ USD	英镑美元	1.5609	-0.15%	-0.002 3	1.560 9	1.560 6	1.562 4	1.558 1	1.563 2	2010-2-8 星期一 12：00：02
EUR_ USD	欧元美元	1.364 0	-0.1 9%	-0.002 6	1.364 0	1.363 8	1.366 9	1.362 4	1.366 6	2010-2. 8 星期一 11：59：41
AUD_ USD	澳元美元	0.865 4	-0.24%	-0.002 1	0.865 4	0.865 1	0.868 8	0.8644	0.867 5	2010-2. 8 星期一 12：00：13

数据来源：http：//app. finance. ifeng. com/hq/forex/list. php？ type = basic

从以上表格中的数据可以看出，在间接标价法下，本国货币的数额保持不变，外国货币的数额随着外币与本国货币币值的对比变化而变动。如果一定数额的本币能兑换的外币数额比前期少，这表明外币币值上升，本币币值下降，即外汇汇率上升；反之，如果一定数额的本币能兑换的外币数额比前期多，则说明外币币值下降、本币币值上升，也就是外汇汇率下跌，即外币的价值和汇率的升跌成反比。

外汇市场上的报价一般为双向报价，即由报价方同时报出自己的买入价和卖出价，由客户自行决定买卖方向。买入价和卖出价的价差越小，对于投资者来说意味着成本越小。按市场惯例，外汇汇率的标价通常由五位有效数字组成，从右边向左边数过去，第一位称为“X个点”，它是构成汇率变动的最小单位；第二位称为“X十个点”，如此类推。银行间交易的报价点差正常为2~3个点，银行（或交易商）向客户的报价点差依各家情况不同而差别较大，目前国外保证金交易的报价点差基本在3~5个点，香港在6~8个点，国内银行实盘交易在10~50个点不等。

案例分析

已知1欧元=1.365 7美元，1美元=98.44日元，如果欧元对美元汇率从1.365 7变为1.368 2，称欧元对美元汇率上升了5点，美元对日元从89.44变为89.00，称美元对日元汇率下跌了44点。

（3）美元标价法。

美元标价法又称纽约标价法，在美元标价法下，各国均以美元为基准来衡量各国货币的价值（即以一定单位的美元为标准来计算应该汇兑多少本国货币的表示方法），而非美元外汇买卖时，则是根据各自对美元的比率套算出买卖双方货币的汇价。除英镑、欧元、澳元和纽币外，美元标价法基本已在国际外汇市场上通行。表 2－6 既是间接标价法，也可称为美元标价法。

第三节 汇率在国际结算中的运用

在国际结算中，经常会涉及一种货币与另一种货币之间的换算，如某客户手中持有本国货币或外汇，需要将其兑换成外汇或本国货币；又如，当一交易商进行对外交易时，要选择对外报价的汇率，这些都属于汇率在国际结算中的运用。而正确掌握不同货币汇率之间的折算方法，以及选择合适的对外报价汇率，对做好国际结算业务，降低外汇风险将起到积极的作用。

（一）即期汇率下，结算时收取或支付的外币与本币之间的折（换）算

1. 外币/本币折算成本币/外币

这种情况实际上是直接标价法和间接标价法的相互折算。折算的方法为：用 1 除以已知汇率的具体数字，即折算后的汇率为已知汇率的倒数。

案例分析

某公司因对外进口商品一批，2010 年 2 月 8 日需对外支付一笔 50 000 美元的款项，已知当日外汇市场美元与人民币的汇价是：1 美元＝元 6.827 3 人民币。问：（1）按当日市场汇率，每单位人民币可以兑换的美元数是多少？（2）该公司应用多少人民币兑换该笔数额的美元以便对外支付？

答：（1）按当日美元与人民币汇率，每单位人民币折合的美元数为：1 元人民币＝1/6.827 3美元，即 1 元人民币可兑换 0.146 5 美元。（2）该公司应用 341 365 元人民币，即 50 000×6.827 3＝341 365 元人民币来兑换这笔数额的美元，以便对外支付。

2. 外币/本币买入价－卖出价折算本币/外币买入价－卖出价

在国际结算中，常常会涉及已知直接标价法下，外国货币与本国货币的买入价和卖出价，需要折算成本国货币与外国货币的买入价和卖出价。其计算方法为：先将已知汇率的买入价和卖出价换位，然后分别求已知外国货币的买入价和卖出价的倒数。

案例分析

已知 2010 年 2 月 8 日，外汇市场美元与人民币之间的买入价和卖出价为：1 美元＝6.813 4－6.840 8 元人民币。问：按当日汇率，人民币与美元之间的买入价和卖出价应如何折算？

答：根据当日汇率，人民币与美元之间的买入价和卖出价的折算方法是：

1 元人民币＝1/ 6.840 8 － 1/ 6.813 4 美元，折算后得出：1 元人民币＝0.146 2 －

0. 146 8 美元。

3. 交叉汇率

在国际结算中，还常遇到交叉汇率的问题。交叉汇率又称套算汇率，它是指以第三种货币为中介而推算出来的两种货币的汇率。即已知本币/甲种外币之间的汇率和已知本币/乙种外币之间的汇率，换算为甲种外币/乙种外币之间的汇率或乙种外币/甲种外币之间的汇率。交叉汇率的折算可分为四种情况加以分析。

（1）两种已知汇率的基础货币相同，而标价货币不同，且只求汇率的中间价。

案例分析

已知2010年2月8日，外汇市场英镑与瑞士法郎及欧元的汇率分别为：

1英镑＝1. 679 6瑞士法郎，1英镑＝1. 143 8欧元。问：按当日汇率，①1瑞士法郎等于多少欧元？②1欧元等于多少瑞士法郎？

答：在以上两组已知的汇率中，英镑为基础货币，欧元及瑞士法郎为标价货币。要求交叉汇率，则要确定瑞士法郎和欧元哪一个为基础货币，哪一个为标价货币。若求1瑞士法郎等于多少欧元，则瑞士法郎为基础货币，欧元为标价货币；反之，欧元为基础货币，瑞士法郎为标价货币。根据基础货币和标价货币的确定，我们可利用下列的公式换算出新的汇率：新汇率的汇价＝新汇率标价货币/新汇率基础货币。

根据以上公式可得：①瑞士法郎/欧元的汇率为：1瑞士法郎＝1. 143 8/1. 679 6欧元，由此可以折算出1瑞士法郎＝0. 681 0欧元；②欧元/瑞士法郎的汇率为：1欧元＝1. 679 6/1. 143 8瑞士法郎，由此可以折算出1欧元＝1. 468 4瑞士法郎。

（2）两种已知汇率的基础货币相同，而标价货币不同，求买入价和卖出价。

案例分析

假设已知外汇市场上美元与欧元及美元与瑞士法郎之间的汇率分别为：1美元＝0. 732 2－0. 736 9欧元，1美元＝1. 075 1－1. 078 6瑞士法郎。问：按已知汇率，①1瑞士法郎等于多少欧元？②1欧元等于多少瑞士法郎？

答：在以上两组已知的汇率中，美元为基础货币，欧元及瑞士法郎为标价货币。要求交叉汇率，则要确定欧元及瑞士法郎哪一个为基础货币，哪一个为标价货币。若求1瑞士法郎等于多少欧元，则瑞士法郎为基础货币，欧元为标价货币；反之，欧元为基础货币，瑞士法郎为标价货币。根据基础货币和标价货币的确定，我们可利用下列的公式换算出新的汇率。即：

$$\text{新汇率的买价}=\frac{\text{新汇率标价货币在已知汇率中的买价}}{\text{新汇率基础货币在已知汇率中的卖价}}$$

$$\text{新汇率的卖价}=\frac{\text{新汇率标价货币在已知汇率中的卖价}}{\text{新汇率基础货币在已知汇率中的买价}}$$

根据以上公式可得：①瑞士法郎/欧元的汇率为：

$$1\text{瑞士法郎}=\frac{0.732\,2}{1.078\,6}-\frac{0.736\,9}{1.075\,1}\text{欧元}$$

1 瑞士法郎 = 0.678 8 - 0.685 4 欧元

②欧元/瑞士法郎的汇率为：

$$1\text{ 欧元} = \frac{1.075\,1}{0.736\,9} - \frac{1.078\,6}{0.732\,2}\text{瑞士法郎}$$

1 欧元 = 1.458 9 - 1.473 1 瑞士法郎

（3）两个已知汇率的标价货币相同，而基础货币不同。

案例分析

假设已知外汇市场上加元与美元及英镑与美元之间的汇率分别为：1 加元 = 0.933 9 - 0.936 8 美元，1 英镑 = 1.561 9 - 1.563 8 美元。问：按已知汇率，①1 加元等于多少英镑？② 1 英镑等于多少加元？

分析：在以上已知的两组汇率中，加元及英镑两种基础货币不同，美元标价货币。要求交叉汇率，则要确定哪一个为基础货币，哪一个为标价货币。若求 1 加元等于多少英镑，则加元为基础货币，英镑为标价货币；反之，英镑为基础货币，加元为标价货币。根据基础货币和标价货币的确定，我们可利用下列的公式换算出新的汇率：

$$\text{新汇率的买价} = \frac{\text{新汇率基础货币在已知汇率中的买价}}{\text{新汇率标价货币在已知汇率中的卖价}}$$

$$\text{新汇率的卖价} = \frac{\text{新汇率基础货币在已知汇率中的卖价}}{\text{新汇率标价货币在已知汇率中的买价}}$$

解：①根据以上公式可得加元/英镑的汇率为：

$$1\text{ 加元} = \frac{0.933\,9}{1.563\,8} - \frac{0.936\,8}{1.561\,9}\text{英镑}$$

1 加元 = 0.597 2 - 0.599 8 英镑

②根据以上公式可得英镑/加元的汇率为：

$$1\text{ 英镑} = \frac{1.561\,9}{0.936\,8} - \frac{1.563\,8}{0.9339}\text{加元}$$

1 英镑 = 1.667 3 - 1.674 5 加元

（4）两个已知汇率的基础货币和标价货币都不同，但两个汇率都涉及同一种货币。

案例分析

假设已知外汇市场上加元与美元及英镑与美元之间的汇率分别为：1 英镑 = 1.561 9 - 1.563 8 美元，1 美元 = 0.732 2 - 0.736 9 欧元。问：按已知汇率，①1 欧元等于多少英镑？② 1 英镑等于多少欧元？

分析：基础货币和标价的货币的确定方法同上例。根据基础货币和标价货币的确定，我们可利用下列的公式换算出新的汇率：

新汇率的买价 = 原已知汇率基础货币买价与标价货币买价的乘积

新汇率的卖价 = 原已知汇率基础货币卖价与标价货币卖价的乘积

解：①根据以上公式可得英镑/欧元的汇率：

1 英镑 = 1.561 9 × 0.732 2 – 1.563 8 × 0.736 9 欧元

1 英镑 = 1.143 6 – 1.152 4 欧元

②根据①求得的英镑/欧元的汇率，再用前面学过的求倒数的方法求出欧元/英镑的汇率：

$$1 欧元 = \frac{1}{1.143\,6} - \frac{1}{1.152\,4} 英镑$$

1 欧元 = 0.874 4 – 0.867 8 英镑

（二）即期汇率下，即期汇率表是确定对外报价可接受水平的主要依据

（1）将同一商品的不同货币的出口报价，按人民币汇价表折算成人民币进行比较。

案例分析

我国某进出口公司就某商品对外发盘，价格为 125 美元/台 CIF 纽约，外商于当日还盘：①以美元还价 124 美元/台 CIF 纽约；②以瑞士法郎还价 133 瑞士法郎/台 CIF 纽约；③以欧元还价 91.5 欧元/台 CIF 纽约。问：该公司应接受何种货币的报价为宜？

据查，还价当天的我国外汇市场人民币即期汇率表的汇率分别为：

	买入价	卖出价
1 美元	6.813 4	6.840 8
1 瑞士法郎	6.324 8	6.375 6
1 欧元	9.282 1	9.356 6

将以上报价按即期汇价表中的买入价折成人民币进行比较，即可看出哪种货币的报价对卖方较为有利。

美元还价折成人民币：124 × 6.813 4 = 844.86 元

瑞士法郎还价折成人民币：133 × 6.324 8 = 841.20 元

欧元还价折成人民币：91.5 × 9.282 1 = 849.31 元

可见，欧元还价的人民币收入比瑞士法郎和美元还价高。因此，在不考虑其他因素的情况下，应接受欧元报价为宜。

（2）将同一商品不同货币的出口报价，按国际市场的即期汇率表，统一折算进行比较。

案例分析

若上例中外商的美元、瑞士法郎和欧元还价，不以人民币汇率折算进行比较，而以当天纽约外汇市场的美元、瑞士法郎和欧元的汇价进行核算，也可得出接受何种货币报价较为合算。

设还价当日美元对瑞士法郎及欧元的汇率分别为：1 美元 = 1.077 1 瑞士法郎；美元对欧元的汇率为：1 欧元 = 1.364 0 美元。据此比价，133 瑞士法郎的还价折成美元数为 133/1.077 1 = 123.48 美元；91.5 欧元的还价折成美元数为 91.5 × 1.364 0 = 124.81 美元。显然，在不考虑其他因素的情况下，接受欧元的还价在经济上是有利的。

（三）在对外的结算报价时应合理运用汇率的买入价与卖出价

汇率的买入价与卖出价之间一般相差1‰～3‰，进出口商如果在货价折算、对外报价与履行支付义务时考虑不周，计算不精，合同条款订得不明确，就会遭受损失。在运用汇率的买入价与卖出价时，应采用以下汇率选择的原则。

（1）原报价为本币，现被要求改用外币报价时，应该用汇率的买入价进行折算。

出口商的商品报价原为本币，但客户要求改用外币报价时，则应按该本币与外币的卖出价来折算。

案例分析

美国某进出口公司的商品报价原为本币，但客户要求改用瑞士法郎（外币）报价，则应按本币与该外币的买入价来折算。设报价当日纽约外汇市场（间接标价法）美元/瑞士法郎的汇率为：1美元＝1.076 8－1.077 6瑞士法郎。假定美国出口公司的出口商品美元报价为10 000美元，现外商要求将价格改用瑞士法郎报价，则该商人应根据美元对瑞士法郎的买入价，将美元底价10 000美元折算成瑞士法郎向其报价，即10 000×1.077 6＝10 776瑞士法郎，若按卖出价折合，则仅报10 768瑞士法郎。出口商将本币折算成外币按买入价折算的道理在于：出口商原收取本币，现改收外币，则需要将所收外币卖给银行，换回原来的本币。出口商卖出外币，即银行买入外汇，故按买入价折算。

（2）原报价为外币，现被要求改用本币报价时，应该用汇率卖出价进行折算。

出口商的商品报价原为外币，但客户要求改用本币报价时，则应按该本币与外币的卖出价来折算。

案例分析

若上例美国某进出口公司的商品报价原为10 000瑞士法郎，现客户要求改用美元报价，则应按本币与该外币的卖出价来折算。则该商人应根据美元对瑞士法郎的卖出价，将瑞士法郎报价10 000瑞士法郎折算成美元向其报价，设报价当日纽约外汇市场（间接标价法）美元/瑞士法郎的汇率为：1美元＝1.076 8－1.077 6瑞士法郎，即10 000÷1.076 8＝928 6.78美元，若按买入价折合，则仅报9 279.88美元。出口商将外币折算成本币按卖出价折算的道理在于：出口商原收取外币，现改收本币，则需要以本币向银行买回原外币。出口商买入外币，即银行卖出外汇，故按卖出价折算。

（3）以一种外币折算另一种外币，按国际外汇市场牌价折算。

无论是用直接标价市场的牌价，还是用间接标价市场的牌价，外汇市场所在国家的货币视为本币。若将外币折算为本币，均用卖出价，如将本币折算成外币，均用买入价。

案例分析

我国某进出口公司某商品的原报价为单价100美元，现国外进口商要求改用瑞士法郎对其报价，已知当日纽约市场（间接标价法）美元对瑞士法郎的汇率为：1 美元 = 1.076 8 - 1.077 6 瑞士法郎。将我国原出口美元报价折算成瑞士法郎的报价，以外汇市场所在国（美国）的货币视为本币，本例可以视为将原本币报价折算成外币（瑞士法郎）报价，应当使用买入价。因此，应报的瑞士法郎的价格为：100 × 1.077 6 = 107.76 瑞士法郎。

值得注意的是，以上合理运用汇率买入价与卖出价的原则，同样适用于远期汇率。

第三章
国际结算工具

第一节　票据的概述

一、票据的含义及其基本特征

（一）票据的定义

票据从广义上讲，是指以证明或设定权利为目的而制定的一切有价证券和各种凭证，包括金融票据（如汇票、本票、支票等）、有价证券（如股票、债券、人寿保险单等）、商业单据（如提单、仓单收据等）。而本文讨论的是国际贸易结算中使用的票据，即所谓狭义票据。

票据从狭义上讲，是指以支付金钱为目的的债权有价证券，是由出票人签发的，无条件约定由自己或委托他人在一定日期支付确定金额的、可流通转让的证券，包括汇票、本票和支票。

（二）票据的基本特征

与民法上的仓单、提单、股票这类证券不同，票据是用来创设权利的证券，票据和票据所创设的票据权利同时产生同时消亡。而仓单、提单这类证券叫作证权证券，即这类证券只是证实权利存在的证券。也就是说，这类证券不是与权利同时产生的，而是权利产生后用证券来记载和证明的，也不是与权利同时消亡。如仓单灭失后只要能证明是权利人就仍可以行使权利。

1．票据为流通证券

票据与其他有价证券不同，它可以依据背书在当事人之间随意流通，这一点仓单、提单、信用证等有价证券都无法实现，票据之所以会具有流通性是因为票据最早出现就是要取代纸币起到比较方便的通货的作用。纸币取代金属铸币是商品流通的一大进步，使商品交易的安全性和方便性大大提升，票据取代纸币是商品流通的又一大进步，因为受到使用对象的限制，不可能针对不同的主体发行不同面额、不同版次的纸币。而票据就可以起到这个作用，可以说票据就是商人社会中的纸币。

票据的这种流通性体现在我国《票据法》的第二十七条规定中，持票人可以将汇票权利转让给他人或者将一定的汇票权利授予他人行使。从这一条我们可以看出，《票据法》对票据的背书转让是没有限制的。同时这一条也告诉我们，票据的流通是通过背书的形式实现的。正是这种极大的流通性决定了票据的生命力，也决定了票据的一切特性。

2. 票据为无因证券

所谓票据的无因性是指持票人可以不明示其原因而主张享有证券上的权利。无因并不是说没有原因，而是指不问原因，票据只要具备法定要件，其权利即行成立，不必过问作为其基础原因的法律关系是否有效、是否存在。票据的产生是商品经济的一种宿命，票据必须替代纸币出现，无论它具体称为什么，票据的这种代替纸币作为流通工具的宿命决定了票据的无因性。如果票据是一种有因证券，也就是权利人在行使权利时必须证明其权利来源的合法性，那么对票据的流通就会造成非常重大的影响。票据的流通就不可能实现。

票据的无因性在我国的《票据法》里没有否定，但是稍微作了一些保留。我国《票据法》第十条规定了票据的签发、取得和转让，应当遵循诚实信用的原则，具有真实的交易关系和债权债务关系。票据的取得，必须给付对价，即应当给付票据双方当事人认可的相对应的代价。但实践中一般来说我们是不要求持票人证明权利的。当然票据的无因性也有例外情况，我国《票据法》第十二条规定：以欺诈、偷盗或者胁迫等手段取得票据的，或者明知有前列情形，出于恶意取得票据的，不得享有票据权利；持票人因重大过失取得不符合本法规定的票据的，也不得享有票据权利。

3. 票据为文义证券

基于票据的无因性要求，票据权利的内容、行使方式、权利人和义务人等内容均以票据上的文字确定，这就是票据的文义性。这与民法中的依行为人的真实意思确定行为的效力不同，它不论行为人在签发票据时有何种意图，只要票据上有所记载就要按照票据记载处理。

体现在我国《票据法》中，可以以第八条规定为例，票据金额以中文大写数字和阿拉伯数字同时记载，二者必须一致；二者不一致的，票据无效。

4. 票据是完全有价证券

票据是一种文义证券，由此产生了票据的第四个特征，即票据是一种完全有价证券。有价证券有完全与不完全之分。作为不完全证券，权利的发生是不以做成证券为必要的，权利的行使在特定情况下是可以离开证券的，如记名股票（主要是因为有原始权利记载），即使失去对股票的占有也没有关系，在股份有限公司的股东名册里依然记载有你的姓名或名称，如果股份有限公司召开股东大会，照样可以参加并行使股东的权利。

票据是完全证券，权利的发生、转移和行使都以证券的存在为必要。失去证券，无论证据多么充分都无法主张权利。票据的这个特点要求持票人必须妥善地保管票据，票据丢失，票据权利随之丧失。

5. 票据是要式证券

所谓票据的要式性是指票据必须根据法定形式制作才有效。各种票据除必须采用书面形式外，还必须标明其票据种类，严格依据《票据法》的规定记载应载明的事项，如出票人姓名、票据金额、付款人和收款人姓名、日期、地点、签名等。此外，票据的签发、转让、承兑、付款、追索等行为，也必须严格依票据法规定的程序和方式进行才有效。因此，票据的要式性使其有别于一般债权凭证。

在我国，票据的格式由中国人民银行统一设计，票据凭证的印制由中国人民银行统一管理，票据上要记载哪些事项由《票据法》具体规定，甚至行为人在票据上如何签章都作了非常严格具体的规定。《票据法》不允许当事人以合意而作出改变，如果当事人不遵守

《票据法》关于票据格式的规定，票据的效力会受到影响。

案例分析：关于票据的“文义性”

案情：甲企业与乙企业签订了货物买卖合同，合同中约定，甲企业签发一张以乙企业为收款人的银行承兑汇票，金额为20万元，作为预付款，汇票不得转让，如果合同解除，汇票则作废。但是甲企业未在汇票上记载“不得转让”字样。乙企业取得汇票后，将汇票背书转让给丙企业，抵作工程款。丙企业向承兑行提示付款时，承兑行称甲企业与乙企业之间的买卖合同已经解除，甲企业告知承兑行不得付款，并且汇票不得转让，所以不能向丙企业付款。请问承兑行是否要付款？

分析：①本题中甲企业与乙企业之间的买卖合同关系是票据基础关系，根据票据的无因性，出票人签发票据，只要形式上符合《票据法》规定的要件，即为有效出票行为，出票行为成立后不受基础关系的影响。因此，买卖合同被解除，不影响汇票的效力。②本题中甲企业虽然与乙企业约定汇票不得转让，但是甲企业并未在汇票上记载“不得转让”字样，根据票据的文义性，票据上的权利的内容、行使方式、权利人、义务人等内容均以票据上的文字确定。所以乙企业转让汇票给丙企业，丙企业取得票据权利，承兑行已经对汇票作出了承兑，丙企业提示付款时，承兑行应当付款。

案例分析：关于票据的“要式性”

案情：甲公司向某工商银行申请一张银行承兑汇票，该银行作了必要的审查后受理了这份申请，并依法在票据上签章。甲公司得到这张票据后没有在票据上签章便将该票据直接交付给乙公司作为购货款。乙公司又将此票据背书转让给丙公司以偿债。到了票据上记载的付款日期，丙公司持票向承兑银行请求付款时，该银行以票据无效为理由拒绝付款。请问：这张汇票是否有效？

分析：根据我国《票据法》关于汇票出票行为的规定，出票人必须在票据上记载“汇票”字样、无条件支付的委托、确定的金额、付款人名称、收款人名称、出票日期、出票人签章。以上事项欠缺之一者，票据无效。

二、票据的功能

票据的功能是指票据在社会经济生活中的作用。票据的功能主要有以下四个方面：

1. 汇兑功能

票据最初的功能是汇兑，即异地输送现金和兑换货币的工具。当时，随着商品经济的发展和市场范围的扩大，因异地贸易中携带现金不方便、不安全，还存在不同种类货币之间的兑换困难。因此产生的汇兑业务流程是：商品交易当事人利用货币经营者（现为银行）的汇款业务和货币兑换业务，在本地将现金交付货币经营者，并取得票据作为汇款和货币兑付凭证，并凭该票据在异地向货币经营者兑换现金，以减少现金的往返运送，避免风险，节约费用，从而克服了现金支付的空间困难。

2. 支付功能

由于票据有汇兑功能，可异地兑换现金，是一种金钱给付的债权凭证，因而它逐渐具有了支付功能，即可以通过法定流通转让程序，代替现金在交易中进行支付。在市场经济中，货币作为交换媒介和一般等价物，会经常发生大量收付货币的现象。用票据代替现金作为支付工具，如使用支票进行支付，具有便携、快捷、安全等优点，既可以避免携带大量现金的不安全性，又可以避免清点现钞可能产生的错误和所花费的时间。以票据作为商品交换活动中的主要支付手段，既是商品经济发展的需要，也是商品经济发展到较高阶段的表现。因此，在现代经济中，票据支付在货币支付中占有越来越大的比重。

3. 结算功能

又叫债务抵消功能，这是指票据作为货币给付的手段，可以用它在同城或异地的经济往来中，抵消不同当事人之间相互的收款、欠款或相互的支付关系。简单的结算就是互有债务的双方当事人各签发一张票据给对方，待两张票据都届到期日即可抵消债务，差额部分，仅一方以现金支付。复杂的结算是通过票据交换制度完成的，即通过票据交换，使各方收付相抵，相互债务冲减。这种票据结算的方式比使用现金更加便捷、安全、经济，因而成为现代经济中银行结算的主要方式。

4. 信用功能

这是票据的核心功能，现代商品交易中，信用交易是大量存在的。卖方通常不能在交付货物的同时，获得价金的支付。如果这时买方向卖方签发票据，就可以将挂账信用转化为票据信用，把一般债权转化为票据债权，使得权利外观明确、清偿时间确定、转让手续简便，以获得更大的资金效益。例如，在甲方向乙方开出票据后，乙方可先期交付商品或者先行预付货款即提供商业信用。然后，乙方再在票据指定日期，向甲方收回已经交货的货款或者收回已经预付货款的商品。同时，贴现制度的存在又使得持票人可以提前将票据转化为现金，以解决企业一时发生的资金周转困难，将商业信用进一步转化为银行信用。票据的信用功能，已成为票据最主要的功能，在商品经济发展中发挥着巨大的作用。

票据的以上基本功能，使票据制度成为现代市场经济的一项基本制度。商业信用、银行信用的票据化和结算手段的票据化，是市场经济高度发展的重要标志之一。

第二节　国际结算票据

一、汇票

（一）汇票的概念

《中华人民共和国票据法》第十九条对汇票所下的定义是：“汇票是出票人签发的，委托付款人在见票时或者在指定日期无条件支付确定的金额给收款人或者持票人的票据。”

根据《英国票据法》的定义，汇票是“由一人签发给另一人的无条件的书面命令，要求受票人见票时或于未来某一规定的或可以确定的时间，将一定金额的款项支付给某一特定的人或其指定人或持票人（A bi11of exchange is an unconditiona1 order in writing, addressed by one person to another, signed by the person giving it requiring the person to whom it is addressed to pay on demand or at a fixed or determinable future time a sum certain in money to or to the order of a specified person or to bearer.）”。

（二）汇票的分类

汇票可从不同的角度进行分类：

1. 银行汇票和商业汇票

按出票人的不同，汇票可分为银行汇票（banker's draft）和商业汇票（commercial draft）。

银行汇票是指由银行签发的汇票，其付款人也是银行，通常用于资金转移（如汇款等）业务。

商业汇票是指由工商企业或个人签发的汇票，付款人可以是工商企业或个人，也可以是银行，广泛用于各类经济交易中。

2. 即期汇票和远期汇票

按付款时间不同，汇票可分为即期汇票（sight draft）和远期汇票（time draft）。

即期汇票是指采用见票即付形式记载付款日期的汇票。当即期汇票的持票人向付款人提示，付款人见票时应立即付款。

远期汇票是指采用定日付款、出票后定期付款、运输单据装运日后定期付款、见票后定期付款等形式记载付款日期的汇票。远期汇票的收款人一般需先期向付款人提示承兑以明确付款人的付款责任，在见票后定期付款的情况下，还需按承兑日期确定付款日期。

3. 光票和跟单汇票

按是否随附货运单据，汇票可分为光票（clean draft）和跟单汇票（documentary draft）。

光票是指不附带货运单据的汇票。光票的出票人和付款人既可以是工商企业或个人，也可以是银行。光票的流通依赖于出票人、付款人或转让人（背书人）的信用。在国际贸易结算中，一般仅限于贸易从属费用、货款尾数、佣金等的收取或支付时使用。

跟单汇票是指附有货运单据的汇票。跟单汇票的付款以交付货运单据（如提单、发票、保险单等）为条件。跟单汇票体现了钱款与单据对流的原则，为进出口双方提供了一定的安全保障。因此，在国际贸易结算中，较多以跟单汇票作为结算工具。

4. 商业承兑汇票和银行承兑汇票

按承兑人的不同，汇票可分为商业承兑汇票（commercial acceptance draft）和银行承兑汇票（banker's acceptance draft）。

商业承兑汇票是由工商企业或个人承兑的远期汇票，商业承兑汇票建立在商业信用的基础上。

银行承兑汇票是由银行承兑的远期汇票，银行承兑汇票建立在银行信用的基础上。银行承兑汇票的信用等级较高，更易于在金融市场上贴现转让，进行流通。

（三）汇票在国际结算中的使用流程

票据行为是指在票据的流通过程中，依票据上规定的权利和义务所确立的法律行为。根据票据法的一般规则，每个票据行为不因其他票据行为的不合法而受影响。

汇票在国际结算中的使用流程包括出票、背书、提示、承兑、付款、拒付、追索等，又称为票据行为，是依据票据上规定的权利和义务所确立的法律行为，其中出票为主票据行为，其他票据行为都是以出票所设立的票据为基础，所以统称为从票据行为。

1. 出票（draw）

出票是指汇票的出票人写成汇票经签字后交付给收款人的票据行为。出票行为由两个动作组成：一是由出票人写成汇票并在汇票上签字；二是由出票人将汇票交付给收款人。由于出票是设立债权债务的行为，所以只有经过交付，汇票才能生效。

出票人签发汇票后，即承担保证该汇票必然会被承兑或付款的责任。在汇票得不到承兑或付款时，出票人应当向持票人清偿被拒绝付款的汇票金额和自到期日或提示付款日起至清偿日止的利息，以及取得拒绝证书和发出拒付通知等的费用。

2. 提示（presentation）

收款人或持票人将汇票提交付款人要求其付款或承兑的行为，叫做提示。付款人看到汇票，即为见票。提示可分为两种：提示承兑，是指汇票的持票人向付款人出示汇票，要求付款人承诺到期付款的行为；提示付款，是指汇票的持票人向付款人或承兑人出示汇票要求付款的行为。

提示承兑和提示付款均应在法定期限内进行。但是，各国的票据法对此规定不一。《英国票据法》规定应在合理时间内进行，《日内瓦统一法》则规定为自出票日起算一年内作出提示。我国的《票据法》规定见票即付和见票后定期付款的汇票自出票日后一个月内提示，定日付款或出票日后定期付款的汇票应在汇票到期日前向付款人提示承兑。至于已经承兑的远期汇票的提示付款期限，《英国票据法》规定在付款到期日，而《日内瓦统一法》则规定在到期日或其后两个营业日内进行提示付款，我国《票据法》则规定为自到期日起 10 天内。

3. 承兑（acceptance）

承兑是指汇票付款人承诺在汇票到期日支付汇票金额的票据行为，承兑也由写成和交付两个动作组成。

承兑的具体做法是：由付款人在汇票正面写上“已承兑”（accepted）字样，注明承兑的日期，并由付款人签名，交还收款人或其他持票人。承兑的交付通常可以有两种做法：一是付款人在承兑后将汇票交还给持票人，这种做法称为实际交付；二是付款人签发承兑通知书给持票人并在承兑通知书上记载承兑日期，以代替实际交付已承兑汇票给持票人，这一种做法称为推定交付。目前后一种做法使用得较多，承兑日即见票日，见票后定期付款的汇票即由此推算出到期日。

承兑对于付款人来说，就是承诺了按票据文义付款的责任。我国《票据法》第四十四条明确指出：“付款人承兑汇票后，应当承担到期付款的责任。”可见，汇票一经承兑，付款人就成为承兑人，并成为主债务人，而出票人便成为汇票的从债务人。

付款人承兑汇票应当是无条件的。然而，在实际业务中，有的付款人在承兑汇票时附加一定的保留条件，例如，“在提单交来以后付款。”对于这种承兑，应视作拒绝承兑，我国《票据法》第四十三条也明确指出：“承兑附有条件的，视为拒绝承兑。”持票人即可凭此行使追索权。

4. 付款（payment）

付款是指付款人按汇票金额向持票人支付票款的行为。

付款人的责任有两个：

（1）正当付款。首先，付款必须出于善意，即付款人不知道持票人的票据权利有缺陷。在实际业务中，如无反证，均可视作善意；其次，付款人必须鉴定背书是否连续，因为在远期汇票的情况下，如汇票经过多次背书转让，只有连续背书才能证明持票人获得票据权利是合法的；再有，必须在到期日付款，否则自担风险、自负责任。

（2）必须支付金钱。票据权利是一种金钱权利，所以付款人必须支付金钱，而不能用其他物品代替。而且支付的货币也应与汇票所载的币种一致。如果载明的是外国货币，付款人一般有权按照当地金融管制法令折成本国货币支付。

付款人足额付款后，汇票上的一切债权债务关系即告结束，汇票也因此而注销。

5. 背书（endorsement）

汇票可通过背书或仅通过交付进行流通转让。所谓背书，就是由汇票的收款人或持票人在汇票的背面或者粘单上记载有关的事项并签章的行为。即使不加文字说明，而仅在汇票的背面签字，也可称为背书。但如要把票据权利转让给他人，就必须经过交付。所以背书如同出票，也包括两个动作，即持票人在汇票背面签名或再加上受让人的名称，然后交付给受让人。汇票经过背书后，收款的权利就转让给了受让人（也即被背书人）。

背书的方式主要有以下几种：

（1）限制性背书：又称不可转让背书，是指背书人对支付给被背书人的指示带有限制性的词语。例如，“仅付 A 公司（Pay to A Co. only.）”，根据《英国票据法》，凡做成限制性背书的汇票，只能由指定的被背书人凭票取款，而不能把汇票再行转让或流通。我国《票据法》第三十四条则规定：背书人在汇票上记载了“不得转让”字样后，其后手再背书转让的，原背书人对后手的被背书人不承担保证责任。《日内瓦统一法》对限制性背书的规定与我国《票据法》的规定相同。

在国际贸易结算中，限制性背书较少使用。

（2）特别背书：又称记名背书。作记名背书时，背书人先作被背书人记载，例如，“付交 A 公司指定人（Pay to the order of A Co.）”，然后背书人再签字。

（3）空白背书：又称不记名背书。空白背书的背书人只需在票据背面签字即可进行交付转让，而不记载被背书人名称。经过空白背书的汇票可以仅凭交付就进行自由流通，无须再背书转让。

如前所述，出于票据使用的安全性考虑，我国《票据法》第三十条规定：汇票以背书转让或者以背书将一定的汇票权利授予他人行使时，必须记载被背书人名称。据此可知，我国法律不允许持票人采用“空白背书”的方式转让票据权利。

6. 拒付（dishonor）

拒付，又称退票，包括拒绝付款和拒绝承兑两种情形。其基本含义有两个：第一，持票人向付款人作提示承兑时，被拒绝或未能获得承兑；第二，无须承兑或已获承兑的汇票在持票人向付款人作提示付款时，未获得付款。

值得注意的是，根据票据法的一般规则，拒绝付款或拒绝承兑，可以在承兑人或者付款人明确表示拒绝时成立，也可在发生下列情况时成立：（1）承兑人或者付款人已死亡或逃匿或避而不见，持票人经过合理努力仍未找到的；（2）承兑人或者付款人被依法宣告破产的或者因违法被责令终止业务活动的；（3）付款人是虚构人物或是根本没有资格支付汇票的人，以及经过合理努力后，都无法作出提示的。

7. 追索（recourse）

追索是指汇票被拒付后，持票人要求其前手背书人、出票人、承兑人清偿汇票金额及有关费用的行为。追索金额为票据金额加利息和作成拒绝证书等费用。根据我国《票据法》第七十条规定，追索金额可包括：（1）被拒付的汇票金额；（2）汇票金额自到期日或提示付款日起至清偿日止的利息；（3）取得有关拒绝证明和发出通知书的费用。

持票人的这种权利称为“追索权”，应当指出追索权虽然也是一种票据权利，但这种权利是一种有条件的票据权利。换言之，持票人要对其前手行使追索权，必须满足一定条件，即持票人按期向付款人提示，在遭拒付后按期向前手发出拒付通知书、按期作成拒绝证明。

值得注意的是，追索权的行使也应在法定时间内进行，逾期追索无效。按我国《票据法》的规定：持票人对出票人和承兑人的权利，应在票据到期日起两年内行使；即期汇票应自出票日起两年内行使；持票人对前手的追索权时效为自被拒绝承兑或被拒绝付款之日起六个月；持票人对前手的再追索权是自其清偿之日或者被提起诉讼之日起三个月内行使。《英国票据法》的规定是自债权成立之日起六年内行使追索权。而《日内瓦统一法》则规定：从拒绝证书做成之日起算一年内行使追索权；在免做拒绝证书时，则从到期日起算一年内行使追索权；背书人向前手再追索的时效是从他作清偿之日起算六个月；承兑人作为票据的主债务人，其票据责任是从汇票到期日起算三年。

（四）汇票样单

Bill of Exchange

London, 31 January 2000　　　　Amount　US$ 250,000

At　60 days after sight　　　　pay against this Sole Bill of Exchange

to the order of　Ourselves

the sum of　US Dollars Two hundred and fifty thousand

for value　Received

To:　　　　For and on behalf of:

Singapore Import Banking Company
Bank Street
Singapore　　　　UK Export Company Ltd

Jas. Smith

Drawn under UK Export Banking
Company Ltd, Documentary Credit
Nº 12345, Dated 29 September 1999　　　　James Smith, Director

二、本票

（一）本票的概念

《中华人民共和国票据法》第七十三条给本票下的定义是：“本票是出票人签发的，

承诺自己在见票时无条件支付确定的金额给收款人或持票人的票据。本法所称本票是指银行本票。”

由于本票是出票人向收款人签发的书面承诺，所以本票的基本当事人只有两个，即出票人和收款人，本票的付款人就是出票人本人。本票的出票人在任何情况下都是主债务人。按我国《票据法》规定，在持票人提示见票时，本票的出票人必须承担付款责任。本票可以由两个或更多的出票人一起签发，他们可以对本票共同负责，而使用诸如“我们承诺支付”，也可以分别负责，写成“我们共同和分别承诺支付”，或者“我承诺支付”，然后由各出票人自行签名。

（二）本票的分类

按照《日内瓦统一法》和《英国票据法》的规定，本票可按出票人的不同分为一般本票和银行本票两种。

一般本票（general promissory note）的出票人是工商企业或个人，因此又称为商业本票。一般本票又可根据付款时间的不同分为即期本票和远期本票两种，即期本票就是见票即付的本票，远期本票是承诺于未来某一规定的或可以确定的日期支付票款的本票。

银行本票（banker’s promissory note）的出票人是银行或其他金融机构。银行本票都是即期本票。

按照我国《票据法》的规定，我国的本票仅限于银行本票，工商企业和个人不能签发本票。

（三）本票样单

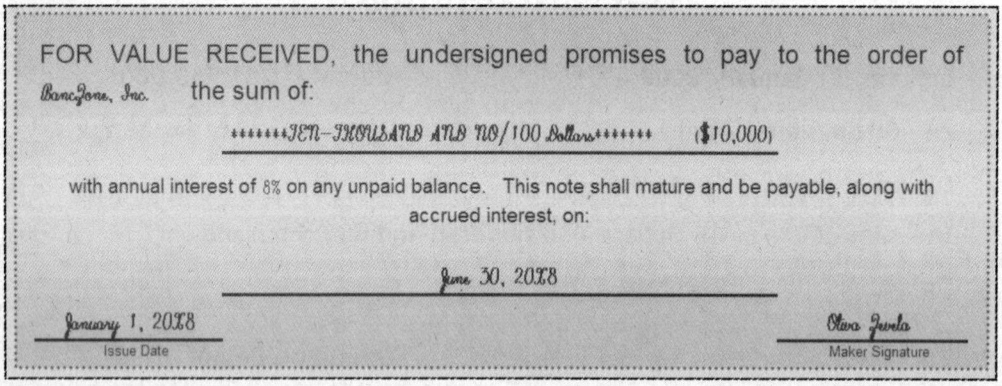

FOR VALUE RECEIVED, the undersigned promises to pay to the order of BancJone, Inc. the sum of:

*******TEN-THOUSAND AND NO/100 Dollars******* ($10,000)

with annual interest of 8% on any unpaid balance. This note shall mature and be payable, along with accrued interest, on:

June 30, 20X8

January 1, 20X8
Issue Date

Olivia Jevela
Maker Signature

三、支票

（一）支票的概念

《中华人民共和国票据法》第八十一条给支票下的定义是：“支票是出票人签发的，委托办理支票存款业务的银行或者其他金融机构在见票时无条件支付确定金额给收款人或持票人的票据。”

支票的基本当事人和汇票一样，共有三个：出票人、付款人和收款人。其中，支票的出票人一定是在银行设有往来存款账户的存户；而付款人必定是该存户设有户头的银行，又称为付款银行。支票与汇票、本票一样，都是无条件付款的。

支票的出票人所签发的支票金额不得超过付款时其在付款人处实有的存款金额，否则就是空头支票。各国法律一般都禁止签发空头支票。

（二）支票的分类

支票都是即期的。我国《票据法》第九十条明确规定："支票限于见票即付，不得另行记载付款日期。另行记载付款日期的，该记载无效。"

在我国，支票可按不同用途分为普通支票、现金支票和转账支票。我国《票据法》第八十三条规定："支票可以支取现金，也可以转账。在用于转账时，应当在支票正面注明。支票中专门用于支取现金的，可以另行制作现金支票，现金支票只能用于支取现金。支票中专门用于转账的，可以另行制作转账支票，转账支票只能用于转账，不得支取现金。"

在国际上，支票通常有如下分类：

（1）记名支票和不记名支票。

按有无收款人姓名记载，支票可分为记名支票和不记名支票。记名支票是指在支票的收款人一栏中记载收款人的名称，如"付交亚细亚公司"。持记名支票取款时，须由载明的收款人在背面签章。不记名支票，又称来人支票或空白抬头支票，不记载收款人的名称，只写明"付交来人"。支款时无须收款人签章，持票人可仅凭交付转让支票权利。

（2）划线支票和未划线支票。

按是否有平行横线，支票可分为划线支票和未划线支票。

划线支票是在支票正面划两道平行横线的支票。一般的未划线支票既可以委托银行收款入账，也可以由持票人自行向付款人支取现金，而划线支票则只能委托银行收款入账，不能由持票人自行向付款人支取现金。使用划线支票的主要目的是防止在遗失时被人冒领。即使被冒领，也有可能通过银行收款线索追回款项。

在划线支票中，又可按划线的方式分为普通划线支票和特别划线支票两种。前者是指仅在支票正面（一般是左上角）划上两道平行线。有的使用印戳盖上划线。普通划线支票的持票人可以委托任何一家银行代收款项。有的划线支票在两条平行线间注上一家具体银行的名称，这种支票就是特别划线支票。持票人收到这种划线支票时，只能委托票面注明的银行代为收款，然后转到往来银行入账。

支票的划线人既可以是出票人，也可以是持票人或代收银行。代收票款的银行也可以做成特别划线注明自己为收款人。

（三）支票样单

CODY SAMPSON
14 Beacon Lane
Larchmont, WA 54211

0102

DATE 9/2/07

PAY TO THE ORDER OF Music Megastore $ 14.98

Fourteen and 98 cents DOLLARS

TRUST CREDIT UNION

FOR CD

Cody Sampson

|:12428896|:6545898434||'3266

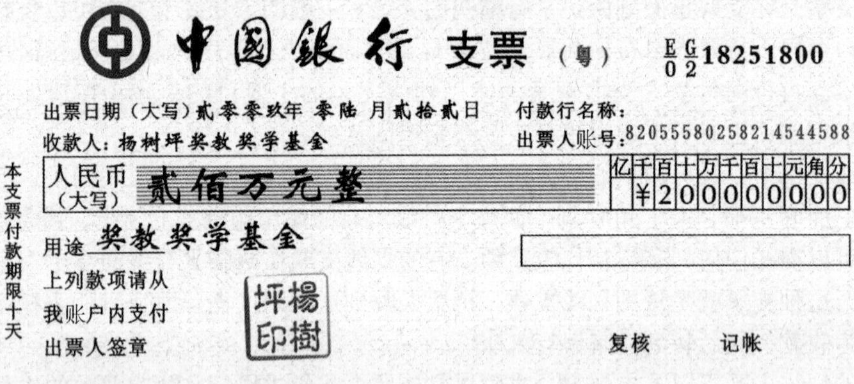

中国银行 支票 （粤） E G / 0 2 18251800

出票日期（大写）贰零零玖年 零陆 月贰拾贰日

付款行名称：

收款人：杨树坪奖教奖学基金

出票人账号：8205558025821454588

本支票付款期限十天

人民币（大写） 贰佰万元整

亿	千	百	十	万	千	百	十	元	角	分
	¥	2	0	0	0	0	0	0	0	0

用途 奖教奖学基金

上列款项请从
我账户内支付
出票人签章

坪楊
印樹

复核 记帐

第四章
国际结算的主要方式

第一节 国际结算方式概述

一、国际结算方式的种类

所谓国际结算方式，是指两个不同国家的当事人为结清双方的债权债务关系，由一方当事人使用一定的结算工具将特定的货币支付给另一方当事人的方式。随着国际贸易和跨国银行业务的发展，国际结算方式也由早期的现金结算方式（即一手交钱、一手交货的方式）转变为凭单付款的结算方式。

（一）传统的国际结算方式

目前国际贸易中比较常用的传统的国际贸易结算方式有三种：汇付、托收和信用证。汇付和托收都是由买卖双方根据国际货物贸易买卖合同相互提供信用的结算方式，都属于商业信用。而信用证则是由银行作为中介并在一定条件下履行付款承诺的结算方式，属于银行信用。这三种结算方式在现代国际贸易中还被大量使用，本章也将重点介绍这三种结算方式。

（二）其他的国际结算方式

由于国际贸易已由卖方市场转变为买方市场，而以上三种支付方式也各自存在自身的缺陷。近年来，随着银行自身能力的增强，现代商业银行可在国际结算中提供多层次中介服务，使其更为深入地介入到国际贸易的结算业务当中，从而使贸易结算方式出现了多元化的趋势，银行保函、备用信用证等支付方式被更为广泛地使用，也使国际保付代理、包买票据等支付方式得到了长足的发展。这些支付方式在国际贸易中的使用将会在第六章进行详细介绍。

二、顺汇法与逆汇法

国际结算中，资金的流通须通过各种结算工具的传送来实现。结算工具包括现金、票据、邮政收据、电讯工具（如 SWIFT）等，随着结算工具的传送，资金也从债务人流向了债权人，从而结清国际债权债务关系。

国际结算方式按照资金的流向和结算工具传送的方向分类，可分为顺汇法和逆汇法。

（一）顺汇法（见图 4－1）

（1）含义：顺汇法又称汇付法，它是付款人（通常为债务人）主动将款项交给银行，委托银行通过结算工具，转托国外银行将款项交付给国外收款人（通常为债权人）的一种结算方法。

（2）特点：资金流向和结算工具的传递方向一致，如汇款。

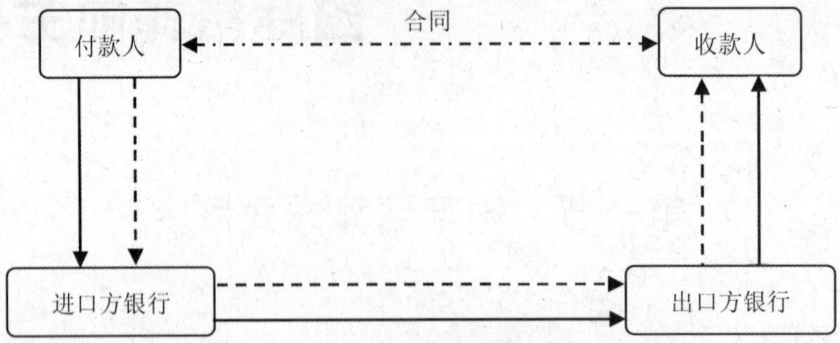

图 4－1　顺汇法流程图

说明：实线箭头代表资金流向，虚线箭头代表结算工具流向。

（二）逆汇法（见图 4－2）

（1）含义：逆汇法又称出票法，它是由收款人出具汇票并交予银行，委托银行通过国外代理行向付款人收取汇票金额的一种结算方式。

（2）特点：资金流向和结算支付工具的传递方向不相同，如托收、信用证。

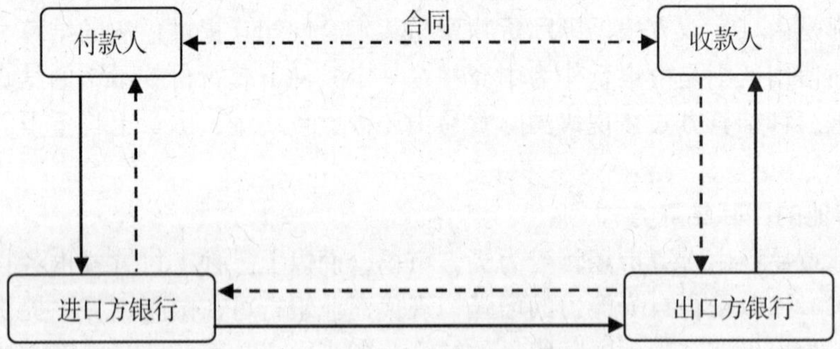

图 4－2　逆汇法流程图

说明：实线箭头代表资金流向，虚线箭头代表结算工具流向。

第二节　汇付

一、汇付方式的概念

汇付（Remittance）是指银行（汇出行）应汇款人（债务人）的要求，通过其国外联行或代理行（解付行），以一定的方式将一定金额交付给收款人（债权人）的一种结算方式。

在国际贸易中，如采用汇付方式，通常是由买方（付款人）按约定的时间和条件，通过银行将货款汇交给卖方（收款人），即资金的流向与支付工具的传递方向相同，所以汇付方式属于顺汇方式。

二、汇付方式的当事人及业务流程

（一）汇付的当事人

汇付方式涉及四个基本当事人，即汇款人、汇出行、解付行和收款人。

（1）汇款人（Remitter）：即付款人，是委托汇出行向国外债权人支付款项的当事人，在国际结算中通常是买卖合同中的买方或其他经贸往来中的债务人。

（2）汇出行（Remitting Bank）：指接受汇款人的委托，以约定汇款方式委托海外联行或代理行将一定金额的款项交付给指定收款人的银行，该银行通常为汇款人所在地的银行。

（3）解付行（Paying Bank）：指接受汇出行的委托向指定收款人解付款项的银行，该银行通常为汇出行在收款人所在地的海外联行或代理行。

（4）收款人（Payee）：指接受汇款人所汇款项的人，在国际结算中通常是买卖合同中的卖方或其他经贸往来中的债权人。

（二）业务流程（见图4－3）

（1）进出口商在买卖合同中约定支付方式。

（2）进口商（汇款人）向当地银行递交信汇/电汇/票汇申请书并缴纳相关费用。

（3）信汇/电汇：汇出行以SWIFT、电传（电汇）或信函（信汇）向解付行发出汇款指示（信汇委托书或支付授权书）。票汇：汇出行向进口商（汇款人）签发银行即期汇票。

（4）信汇/电汇：解付行向出口商（收款人）解付汇款。票汇：进口商（汇款人）将银行汇票转交出口商（收款人）。

（5）票汇：出口商（收款人）向银行汇票中的付款人（解付行）提示汇票。

（6）票汇：解付行见票即付。

解付行在完成以上手续后，向汇出行发出付讫通知书。

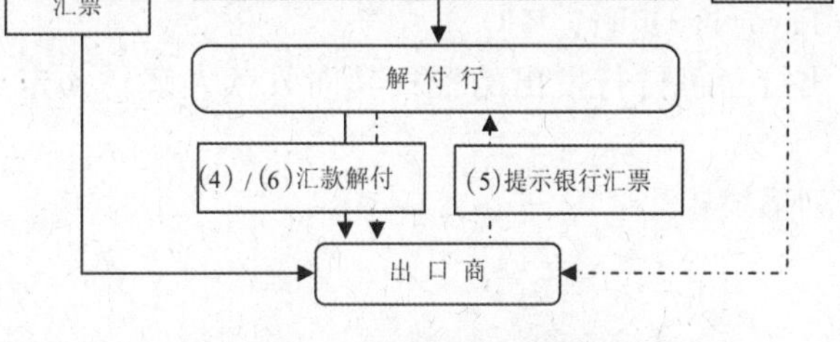

图4－3　汇付业务流程图

说明：电汇和信汇以实线表示，票汇以虚线表示。

三、汇付方式的种类及其使用

按照汇付使用的支付工具不同，汇付方式包括信汇、电汇和票汇，目前常用的是电汇和票汇。

（一）信汇（Mail Transfer，M/T）

1. 概念

信汇汇款是指汇款人将款项交给银行时，在其交给汇出行的汇款申请书中指示银行以航空信函方式通知解付行将款项解付给收款人的一种汇付方式。

2. 具体程序（见图 4－4）

汇款人填写境外汇款申请书递交汇出行并交款付费，汇出行签发信汇回执；汇出行根据申请书内容，制作信汇委托书（M/T Advice）或支付授权书（Payment Order，P. O.）；汇出行通过航空邮寄将信汇委托书或支付授权书寄交解付行，解付行核对印鉴无误后即向收款人解付汇款。

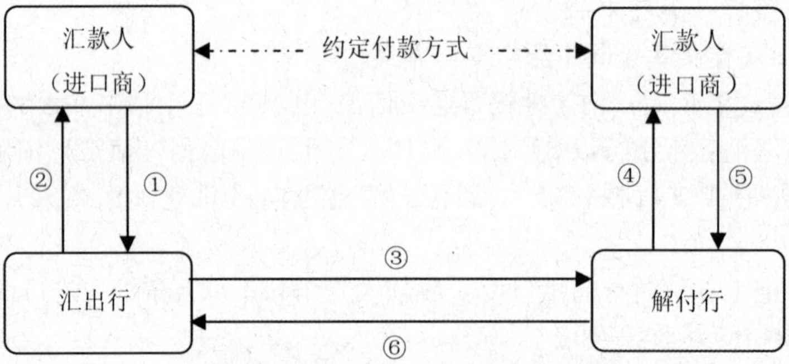

图 4－4 信汇业务流程图

图示说明：

① 汇款人填写境外汇款申请书递交汇出行并交款付费，申请书中注明所使用的信汇方式；

② 汇出行接受申请并向汇款人签发信汇回执；

③ 汇出行根据申请书内容，制作信汇委托书或支付授权书并邮寄解付行；

④ 解付行核对印鉴无误后将委托书的第二联信汇通知书及第三、四联收据正副本一并通知收款人；

⑤ 收款人凭收据取款；

⑥ 解付行将付讫借记通知寄交汇出行。

3. 支付授权书（Payment Order，P. O.）

支付授权书是汇出行向解付行发出的授权其向收款人解付一定金额的一种书面通知形式。

其格式通常为下列形式：

×× 银行支付授权书
BANK OF ×× PAYMENG ORDER
××××（地址）

致
To

支付授权书号码 No. of Payment Order	收款人 To be Paid or Credited to	金额 Amount
大写金额 Amount in Words: ________		
汇款人 By order of	附言 Remarks	
□You are authorized to debit our account with you.		
□We have credited you A/C with us.		
		××银行××分行 For BANK OF ××, ×× BRANCH

4. 信汇的特点

（1）费用较低。信汇的费用比电汇低廉，信汇汇率与电汇汇率之间的差额，相当于汇出行邮寄支付凭证的邮程期间的利息（有的国家以电汇汇率扣除 14 天邮程的利息求得信汇汇率）。

（2）资金转移速度慢。信汇采用航邮方式传递信息，收款人需要较长时间才能收到汇款。

（3）银行可短期占用资金。信汇在途时间长，银行可以占用一个邮程时间的资金。

（二）电汇（Telegraphic Transfer，T/T）

1. 概念

电汇汇款是汇款人将款项和汇款申请书提交汇出行，申请书中指示银行以加押电报、电传或 SWIFT 的方式通知解付行解付一定金额的款项给收款人的一种汇付方式。

2. 具体程序（见图 4－5）

对汇出行而言，电汇业务的程序与信汇基本相同。其不同之处在于汇出行是以电报、电传或 SWIFT 方式授权解付行解付款项，汇出行须在电文中加列约定使用的密押（Test Key）。解付行收到电文并审核密押无误后即可向收款人解付汇款。

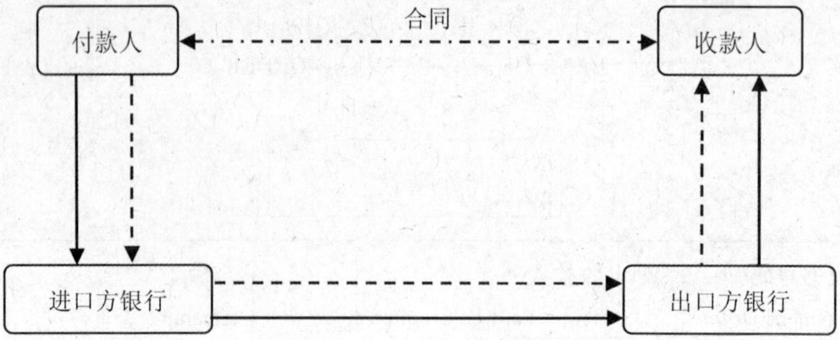

图4－5 电汇业务流程图

图示说明：

① 汇款人填写境外汇款申请书递交汇出行并交款付费，申请书中注明所使用的电汇方式；

② 汇出行接受申请并向汇款人签发信汇回执；

③ 汇出行发出加押电讯（电报、电传或SWIFT）给解付行，授权其向收款人解付汇款；

④ 解付行核对密押无误后缮制电汇通知书，通知收款人取款；

⑤ 收款人收到通知书后在收据联上盖章，交解付行后取款；

⑥ 解付行将付讫借记通知寄交汇出行。

3. 采用电报或电传的汇款方式

传统的电报汇款可分为书信电（Letter Telegram）、普通电（Ordinary Telegram）和加急电（Urgent Telegram）三个等级。自从有了电传和SWIFT以后，一般只有普通电和加急电两个等级（可参考表4－3）。

若采用电报、电传方式进行汇款，电文通常包括下列内容：

（1）FM：（汇出行名称）

（2）TO：（解付行名称）

说明：解付行名称可用电报挂号。

（3）DATE：（发电日期）

（4）TEST：（密押）

（5）OUR REF. NO. ________（汇款编号）

（6）NO ANY CHARGES FOR US（我行不负担任何费用）

说明：一般在电文后加注：YOUR CHARGES FOR BENEFICIARY（收款人承担你方费用）

（7）PAY ________（付款金额）VALUE ________（起息日）TO

（8）BENEFICIARY（收款人）

说明：收款人按照不同情况可按下列方式表示。

1）当收款人的账户行是解付行时

PAY TO YOURSELVES（账户行）FOR CREDIT OF A/C NO. ________ OF MR. ×××（OR ________ CO.，LTD.）（收款人名称）

2）当收款人的账户行是第三家银行时

① PAY TO ________ BANK（账户行）FOR ACCOUNT OF NO. ________ FAVOUR ________（收款人名称）

② PAY TO ____________ BANK（账户行）FOR CREDITING A/C NO. ____________ OF MR. ×××（OR ____________ CO., LTD.）（收款人名称）

（9）MESSAGE ____________（汇款附言）

（10）ORDER（汇款人）

说明：实际上是 BY ORDER OF，有时可写成 B/O。

（11）COVER ____________（拨交头寸）

说明：头寸拨付根据账户设置情况不同分别处理，具体处理方法后面将予以详述。

电文实例 1——电报、电传格式

FM：BANK OF CHINA，GUANGDONG

TO：HABIB BANK AG ZURICH

DATE：AUGUST 17TH

TEST 3356 OUR REF. NO. 764TT0425 NO ANY CHARGES FOR US（YOUR CHARGES FOR BENEFICIARY）PAY USD 37 140.60 VALUE AUGUST 17TH TO YOURSELVES FOR CREDIT OF A/C NO. 005 – 220 – 106320 – 007 OF HAROON CO. W. L. L. FOR MARKETING ENGINEERING MATERIALS LTD. MESSAGE PROFORMA INVOICE NO. HF 60809 ORDER GUANGDONG MACHINERY IMPORT AND EXPORT CO. LTD. COVER PLEASE DEBIT OUR A/C WITH YOU.

4. 采用 SWIFT 的汇款方式

环球银行金融电讯协会（简称 SWIFT）是一个国际银行同业间非赢利性的合作组织，它为客户提供快捷、标准化、自动化的通信服务。

适用于汇付的 SWIFT 格式（见表 4 – 1）：

表 4 – 1　SWIFT 关于汇付的适用格式

报文格式	MT 格式名称	描述
MT100	客户汇款	请求调拨资金
MT200	单笔金融机构头寸调拨至发报行自己账户	请求将发报行的头寸调拨至其他金融机构的该行账户上
MT201	多笔金融机构头寸调拨至它自己的账户上	多笔 MT200
MT202	单笔普通金融机构头寸调拨	请求在金融机构之间的头寸调拨
MT203	多笔普通金融机构头寸调拨	多笔 MT202
MT204	金融市场直接借记电文	用于向 SWIFT 会员银行索款
MT205	金融机构头寸调拨执行	国内转汇请求
MT210	收款通知	通知收报行，它将收到头寸记在发报行账户上

MT100 报文格式（客户汇款时使用，见表 4 – 2）：

表 4-2 MT100 CUSTOMER TRANSFER

M/O	Tag 项目编号	描述
O	15	Test Key（密押）
M	20	Transaction Reference Number（TRN）（交易编号）
M	32A	Value Date, Currency Code, Amount（起息日、货币、金额）
M	50	Ordering Customer（付款客户）
O	52X	Ordering Bank（付款银行）
O	53S	Sender's Correspondent Bank（发报银行）
O	54S	Receiver's Correspondent Bank（收报银行）
O	57S	"Account with" Bank（账户行）
O	59	Beneficiary Customer（收款客户）
O	70	Details of Payment（支付细目）
O	71A	Details of Charges（费用细目）
O	72	Bank to Bank information（银行间信息）

注：M = Mandatory Field（必选项目）；O = Optional Field（可选项目）

电文实例 2——SWIFT MT100 格式

银行操作人员拟出下述的汇款内容，然后输入计算机自动显示的项目栏内，即成为 SWIFT MT100 格式的电文。

TO：HABIB BANK AG ZURICH，DUBAI，U. A. E.

FM：BANK OF CHINA，GUANGDONG

DATE：AUGUST 17，2009

TEST 3356 OUR REF. NO. 764TT0425 PAY USD 37 140. 60 VALUE AUGUST 17，2009 TO COMMERCIAL BANK OF CEYLON LIMITED FOR CREDIT OF A/C NO. 005 - 220 - 106320 - 007 OF HAROON CO. W. L. L. FOR MARKETING ENGINEERING MATERIALS LTD. MESSAGE PROFORMA INVOICE NO. HF 60809 ORDER GUANGDONG MACHINERY IMPORT AND EXPORT CO. LTD. YOUR CHARGES FOR BENEFICIARY COVER DEBIT US.

SWIFT MT100 电文

MT100 CUSTOMER TRANSFER
Date
090817Sent to
HABIB BANK AG ZURICH, DUBAI, U. A. E.
20/ transaction reference number
764TT0425
32A/ value date, currency code, amount
090817 USD 37 140. 60
50/ ordering customer
GUANGDONG MACHINERY IMPORT AND EXPORT CO. LTD.
57S/account with bank
COMMERCIAL BANK OF CEYLON LIMITED
59/beneficiary customer
005 - 220 - 106320 - 007
HAROON CO. W. L. L. FOR MARKETING ENGINEERING MATERIALS LTD.
70/ details of payment
PROFORMA INVOICE NO. HF 60809
71/ details of charges
FOR BENEFICIARY
72/ bank to bank information
COVER DEBIT US

5. 电汇的特点

与其他汇付方式相比，电汇具有以下特点：

（1）速度快。电汇是汇付业务中速度最快的付款方式，也是目前使用最为广泛的付款方式。

（2）费用相对较高。电汇是汇付业务中费用最高的付款方式。金融市场上的外汇汇率通常是指电汇汇率。

（3）安全可靠。由于电汇业务必须使用密押证实电文内容的真实性，尤其是 SWIFT 系统安排更为严谨，SWIFT 密押独立于电传密押之外，由 SWIFT 电脑自动完成编押、核押工作，所以电汇业务发生欺诈的可能性很小，是汇付业务中最为安全可靠的付款方式。

（4）银行无法占用资金。由于电汇业务速度快，在途时间短，致使有关银行无法占用客户资金。

（三）票汇（Remittance by Banker's Demand Draft, D/D）

1. 概念

票汇是指汇出行根据汇款人的申请，开立以其国外联行或代理行为付款行（即解付行）的即期银行汇票，指示付款行向汇票上记载的收款人支付一定金额的一种汇付方式。

2. 具体程序（见图4－6）

汇款人填写境外汇款申请书交予汇出行并交款付费，汇出行开立银行即期汇票交给汇款人，汇款人自行将汇票寄交收款人，收款人凭以向汇票上指定的银行取款。

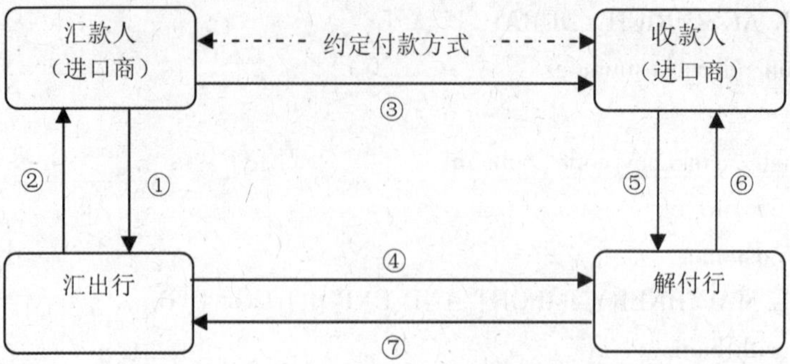

图4－6　票汇业务流程图

图示说明：

①汇款人填写境外汇款申请书交予汇出行并交款付费，申请书上说明使用票汇方式；

②汇出行开出以其国外联行或代理行为付款人的银行即期汇票并交给汇款人；

③汇款人将汇票寄交收款人；

④汇出行向解付行发出汇款通知书（也叫票根，即一式五联的汇票中的第二联，解付行凭以核对收款人提交的汇票。近年来，银行为简化手续已取消此联）；

⑤收款人向解付行（即银行汇票中的付款人）提示汇票、要求付款；

⑥解付行核对汇票后借记汇出行账户，取出头寸并向收款人解付款项；

⑦解付行向汇出行发出付讫借记通知书，通知它汇款解付完毕。

根据不同需要，银行在票汇业务中使用三种即期汇票：第一种是划线不可流通汇票。出票人开出此种汇票的目的是为了限制汇票的转让流通，只能是收款人凭票取款，汇票仅是支付工具；第二种是无划线可流通汇票，也是票汇业务中使用最多的银行汇票；第三种是磁性数码汇票，这种汇票便于纽约的付款行放在支票自动处理机上分类清算。

此外，在票汇业务中经常使用中心汇票进行国际结算。所谓“中心汇票”，是指汇票的付款银行是在货币结算中心城市的汇票（Draft on Centre），即汇票付款地点使用的货币与票面货币一致的汇票。如在一笔进口贸易中，中国银行广东省分行开出以纽约花旗银行为付款人的银行即期汇票，而票面上记载的货币为美元；又如开出以东京某银行为付款人的银行即期汇票，汇票的货币为日元，则此类银行汇票可称为“中心汇票”。

中心汇票的出票人为汇出行，付款人为汇出行在货币结算中心城市的联行或代理行，即汇出行有开立中心账户的银行。若汇票收款人的地址与付款行的地址不同，汇出行将汇款人的交款视为购买汇票，使用中心汇票支付给购买汇票的人（汇款人）；而购买汇票的人将中心汇票寄交汇票收款人，由收款人委托当地某银行代收票款，也可将该汇票转让给其他人（银行）。

使用中心汇票付款时，汇出行一般不寄票根（一式五联的汇票的第二联），也不拨交头寸，只使用其在中心账户的资金解付票款。当中心汇票提交付款行时，它借记汇出行的中心账户予以付款，并将借记报单寄回给汇出行，即完成此项汇款业务。因此，使用中心汇票付款不占用汇出行资金，但汇出行可利用汇款资金。

3. 票汇的特点

与其他汇付方式相比，票汇具有以下特点：

（1）取款灵活。汇票的收款人既可自行向银行取款，也可委托其他银行取款，还可将该汇票转让他人。

（2）手续简便。解付行无须通知收款人取款，减少了手续和环节，节省了时间和费用。

（3）银行可占用汇款人的资金。因出票、寄送或转让汇票需要一定时间，在此期间银行可无偿占用客户的资金。

（4）可能发生汇票纠纷。若汇票遗失、毁损、转让等，则有可能产生票据纠纷和麻烦，如挂失、止付等。

四、汇付方式的偿付与退汇

（一）汇付的偿付（Reimbursement of Remittance Cover）

汇款的偿付是指汇出行授权解付行解付汇款时，将汇款金额及时拨付给解付行，俗称拨头寸。

按照国际惯例，汇出行在发出汇款委托书的同时，必须将头寸拨付给付款行，使付款行不致因执行付款指示而垫付头寸。因此，每一笔汇款，必须注明拨付头寸的具体指示，即每一笔汇款必然引起一笔相同金额的头寸偿付业务。有的银行在相互建立业务代理关系时，在代理合约中订明汇款头寸偿付的方法，有的银行则采取在逐笔汇款委托书或汇票通知书中注明头寸如何调拨。

在实务中头寸拨付有两种方式：

（1）先拨后付。汇出行在受理一笔汇款业务后，先将头寸拨给解付行，解付行收到头寸后才向收款人进行解付。这是最主要的头寸调拨方式。

（2）先付后偿。汇出行受理汇款业务后，先将汇款通知寄送给解付行，解付行根据通知先垫付资金给收款人，然后向汇出行索偿。这种方式对解付行来讲存在着一定的风险，除非汇出、解付两行事先订有先解付、后拨头寸的代理合约，否则一般不采用。

（二）汇款头寸偿付的转账方法

结合汇出行与解付行的开设账户情况，汇款头寸偿付的转账方法具体可以分为以下四种：

1. 解付行在汇出行开立往来账户（见图4－7）

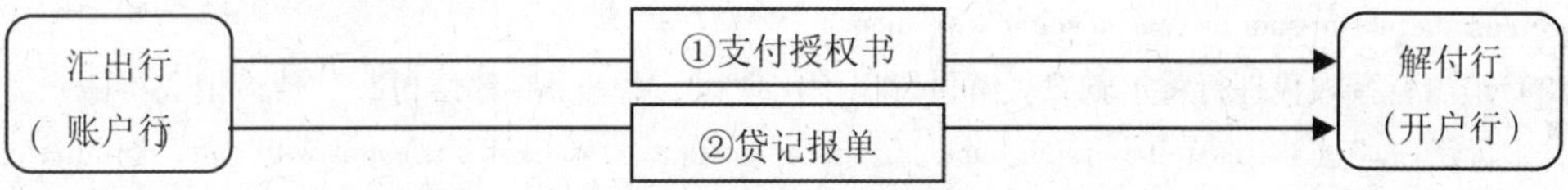

图4－7　调拨头寸方法之一

图示说明：（1）汇出行在委托解付行解付汇款时，汇出行应在支付授权书上注明："偿付方法：我行已将款项贷记贵行在我行的账户。"（In cover, we have credited the sum to your account with us.）

（2）汇出行向解付行发出的贷记报单（Credit Advice）上注明："已贷记贵行账户。"（Your A/C

Credited)

如图所示，解付行接到支付授权书后，知道汇款头寸已拨入自己账户，即可使用头寸解付汇款给收款人。

2. 汇出行在解付行开立往来账户（见图4－8）

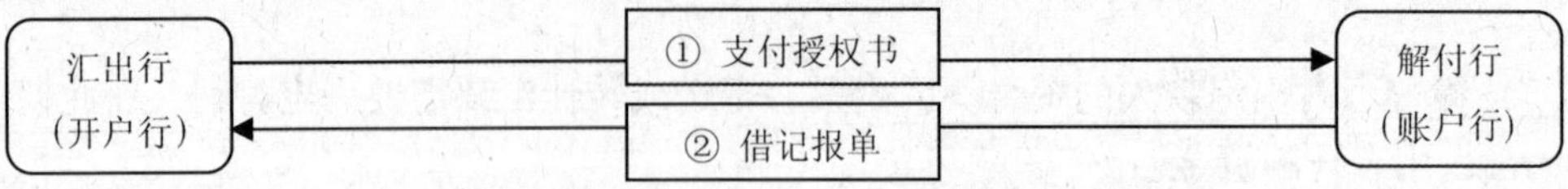

图4－8 调拨头寸方法之二

图示说明：（1）汇出行在委托解付行解付汇款时，汇出行应在支付授权书上注明：“偿付方法：请将此笔款项借记我行在贵行的账户。”（In cover, please debit the sum to our account with you.）

（2）解付行在按支付授权书解付款项后，立即借记汇出行账户，并在寄给汇出行的借记报单（Debit Advice）上注明：“已借记贵行账户。”（Your A/C Debited）

如图所示，解付行接到支付委托书，即被授权凭此借记汇出行账户，拨出头寸解付给收款人，并以借记报单通知汇出行，此笔汇款业务即告完成。

3. 汇出行与解付行双方在同一代理行开立往来账户（见图4－9）

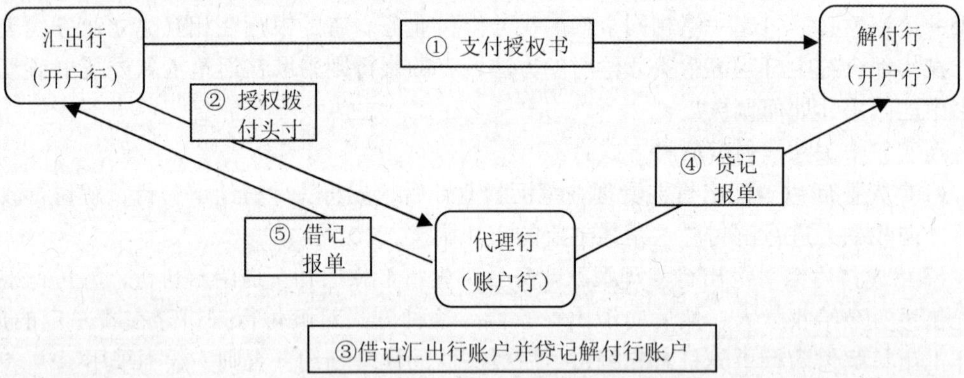

图4－9 调拨头寸方法之三

图示说明：汇款双方没有在对方开设账户，但在同一家代理行开设了账户，则可通过该代理行转账以完成头寸偿付。

（1）汇出行在委托解付行解付汇款时，汇出行应在支付授权书上注明：“偿付方法：我行已授权×××银行将款项借记我行账户并贷记贵行账户。”（In cover, we have authorized ××× bank to debit our account and to credit the above sum to your account with them.）

（2）汇出行授权代理行将汇款拨付解付行在该代理行的账户，“致偿付行：请借记我行账户并贷记×××银行账户。”（To the reimbursing bank: Credit cover to ××× bank's account with you, debiting our account.）

（3）代理行向解付行发出贷记报单，告知其已将头寸贷记该行账户。

（4）代理行向汇出行发出借记报单，告知其已将款项借记该行账户。

如图所示，解付行接到汇出行支付授权书的指示，同时也收到代理行寄来头寸贷记报单，即可使用该头寸解付给收款人。

4. 汇出行与解付行双方在不同银行开立往来账户（见图4-10）

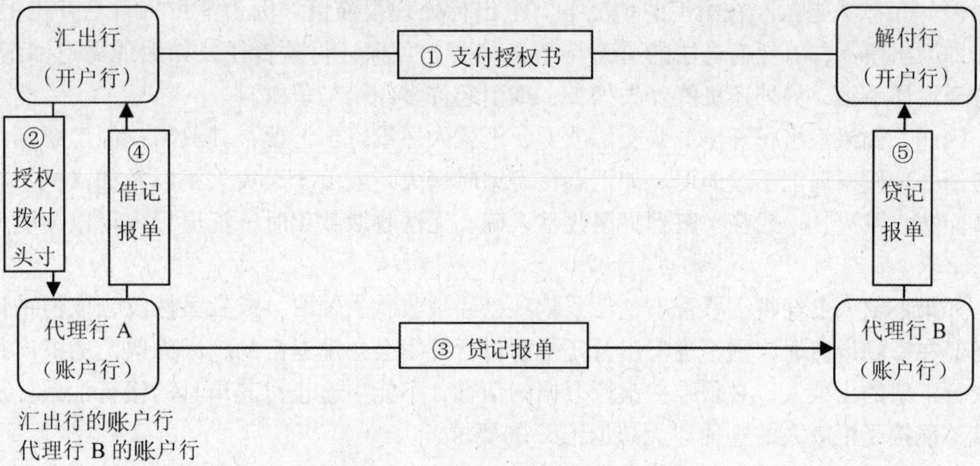

图4-10　调拨头寸方法之四

图示说明：汇出行在代理行A开立账户，解付行在代理行B开立账户。代理行B在代理行A开立账户。

(1) 汇出行在委托解付行解付汇款时，汇出行应在支付授权书上注明："偿付方法：我行已授权银行A将款项支付到贵行在银行B的账户上。"

(2) 汇出行授权代理行A将款项借记汇出行账户，并贷记代理行B的账户上，通过代理行B将款项转移到解付行。

(3) 代理行A向代理行B发出贷记报单，告知其已将头寸贷记该行账户。

(4) 代理行A向汇出行发出借记报单，告知其已将款项借记该行账户。

(5) 代理行B向汇出行发出贷记报单，告知其已将款项贷记该行账户。

汇款双方银行分别在不同的海外代理行开有往来账户时，为了偿付，汇出行在汇款时，必须事先了解解付行在哪家银行开户，然后通过自己的代理行（A行）把汇款头寸拨付到解付行在其代理行（B行）开立的账户内，解付行接到其账户行（B行）的贷记报单后，即可向收款人解付款项。

（三）汇款的退汇

汇款的退汇是指汇款人或收款人某一方，在汇款解付前要求撤销该笔汇款的行为。退汇可能是由收款人提出，也可能由汇款人提出。

1. 电汇和信汇的退汇

（1）汇款人退汇。需汇款人凭汇款回执向汇出行提出退汇要求，再由汇出行通知解付行停止解付，撤销汇款。解付行接到退汇通知后，如尚未解付款项，一般同意照办并将退回汇款头寸，汇出行收到退回的汇款头寸后再行转告汇款人凭汇款回执前来办理退款手续。如果解付行接到通知时已经解付，解付行不能向收款人追索，但应及时寄回解付凭据，汇出行转告汇款人因为已经解付而致退汇无效。此时汇款人也不能要求退汇，只能直接向收款人交涉要求退款。

（2）收款人退汇。收款人向解付行明确提出拒收（如由于各种原因致使解付行通知不到收款人，亦可视为收款人退汇），此时解付行向汇出行退回汇款委托书和汇款头寸，后者收到退汇头寸后，再通知汇款人前来办理退款手续，取回汇款。

2. 票汇的退汇

（1）汇款人退汇。在票汇的情况下，汇出行处理很谨慎。因为汇出行自己开出汇票，自己即为出票人，对任何合法的善意持票人均要担负保证付款责任，如无理需退回汇票，一方面增加手续，另外还可能丧失信誉，或引起许多纠纷与争执。

因此，如果汇出行开出汇票交汇款人，汇款人还没寄出汇票，其只需持原汇票到汇出行申请办理凭票退汇手续即可。如汇票在寄递时遗失，或由于天灾人祸以及如飞机、轮船失事而造成毁灭，一般在了解到汇票收款人确实无法收取款项时，汇出行也可以接受办理退汇。

如果汇款人已经将汇票寄出，汇票款项已经被收款人领取，或者虽然没领取但估计汇票已经在市场上流通，则不论汇出行还是解付行都不会办理退汇的，因为票汇的汇出行作为银行汇票的出票人，必须维护银行票据的信誉，不能中途止付其出具的银行汇票，从而也就不能接受汇款人的这种“无票退汇”的要求了。

汇票如果遗失、被盗，汇款人应该及时办理挂失、止付手续。一般由汇款人向汇出行出具担保书，担保若发生重付，由汇款人负责赔偿。有的银行还要向法院或公证行办理公告等手续进行挂失，汇出行收到担保书和公告后，据以通知解付行挂失止付，待解付行回电、回函确认后，才能办理退汇或者补发一张汇票。止付对于解付行来说，如有汇出行的通知，可以不付款，但如果解付行认为必须付款，则汇出行或汇款人也不能因此提出异议。

实务中，以汇款人退汇最为常见。

（2）收款人退汇。收款人只需将收到的票据退还给汇款人，然后汇款人自行向汇出行办理凭票退汇即可。

如果收款人丧失或灭失了汇款票据的话，则应当及时向解付行（票据的付款人）挂失止付，依法采取必要的保全票据权利行为。

五、汇付方式在国际结算中的运用

（一）适用范围

（1）进口商流动资金充足，当前的主要目标是控制财务费用而不是取得融资便利。

（2）贸易结算项下，出口商接受货到付款的条件，但对收款速度有较高要求。

（3）进口商与出口商有良好合作关系且对其充分信任，愿意接受预付货款的条件。

（4）资料费、技术费、贸易从属费用（包括运费、保费）等宜采用汇付方式。

（5）贸易项下的尾款一般宜采用汇付方式。

（二）汇付方式下的对外付款操作

目前普遍认为信用证才是国际贸易中使用最多的付款方式，其实不然，在实务中，汇付方式中的电汇（T/T）由于其手续简便、速度较快等特点而为中小企业间或双方合作良好并已经建立起一定的信任的企业间的贸易所广泛采用。在实际运作中，买卖双方根据贸易中所处地位不同，通过在合同中约定不同的付款时间来承担不同程度的风险，并不是说采用汇付方式就一定是卖方承担较大的风险。

在实际业务中，出口商通常在合同中要求预付30%左右的订金，其余的货款根据付款时间的不同，分为“前T/T”和“后T/T”。“前T/T”是指买方最迟于货物装船完毕后，就将剩余的70%的货款电汇给卖方的付款方式，又可分为“装运前T/T”和“装运后见提单传真件T/T”。“后T/T”是指货物到达目的港（地）后，买方凭提单换取提货单并提取货物后才电汇剩余的70%的货款给卖方的付款方式。

对于进口商来说，“装运前T/T”的风险最大，其次是“装运后见提单传真件T/T，”“后T/T”的风险最小。

（1）“装运前T/T付款”业务流程（见图4－11）。

①进口商在合同规定期限内，填写境外汇款申请书，向银行（汇出行）申请电汇；

②汇出行按进口商指示，通过SWIFT或电传方式向解付行发出汇款指示；

③汇入行解付款项给出口商；

④出口商办理出口手续，装运货物；

⑤出口商从承运人或货代处拿到提单；

⑥出口商把提单直接邮寄给进口商，或要求承运人或货代电放提单给进口商；

⑦进口商凭提单或凭电放提单和电放保函换取提货单，然后向承运人或货代提货。

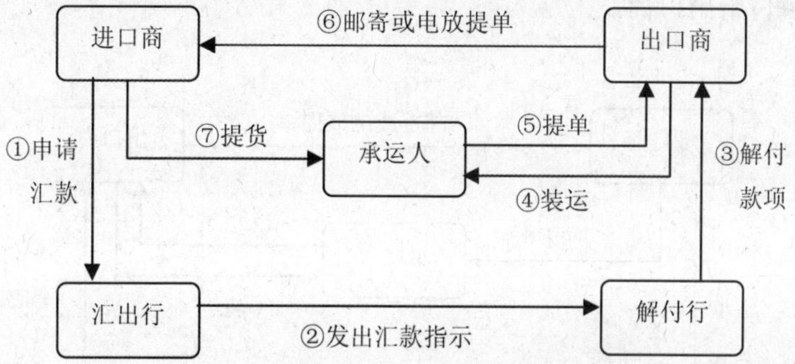

图4－11　“装运前T/T付款”的业务流程图

（2）“装运后见提单传真件T/T付款”业务流程（见图4－12）。

①出口商在合同规定的装运期内装运货物；

②出口商从承运人或货代处拿到提单；

③出口商将提单通过传真或电子邮件方式发送给进口商；

④进口商填写境外汇款申请书，向银行（汇出行）申请电汇；

⑤汇出行按进口商指示，通过SWIFT或电传方式向解付行发出汇款指示；

⑥汇入行解付给出口商；

⑦出口商把提单直接邮寄给进口商，或要求承运人或货代电放提单给进口商；

⑧进口商凭提单或凭电放提单和电放保函换取提货单，然后向承运人或货代提货。

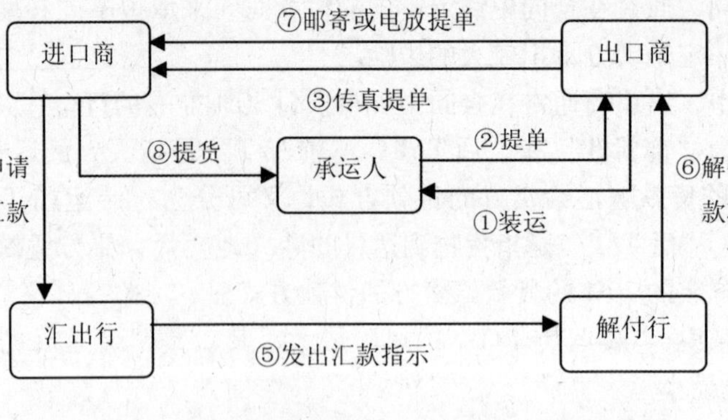

图 4－12　“装运后见提单传真件 T/T 付款”的业务流程

(3)“后 T/T 付款”业务流程（见图 4－13）。

①出口商在合同规定的装运期内装运货物；

②出口商从承运人或货代处拿到提单；

③出口商把提单直接邮寄给进口商，或要求承运人或货代电放提单给进口商；

④进口商凭提单或凭电放提单和电放保函换取提货单，然后向承运人或货代提货；

⑤进口商填写境外汇款申请书，向银行（汇出行）申请电汇；

⑥汇出行按进口商指示，通过 SWIFT 或电传方式向解付行发出汇款指示；

⑦汇入行解付给出口商。

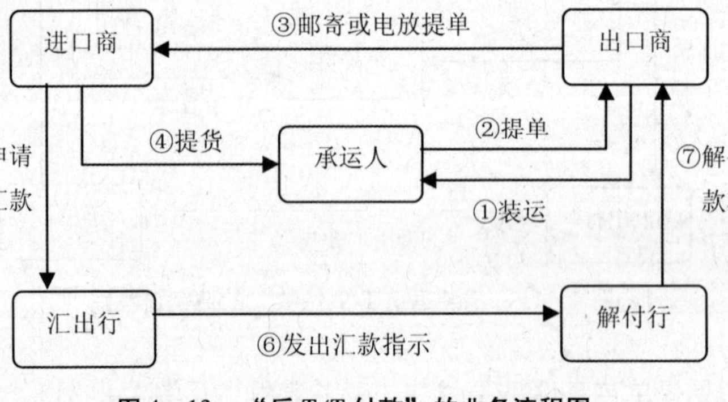

图 4－13　“后 T/T 付款”的业务流程图

（三）汇付项下对外付款的操作流程

(1) 填写银行提供的格式化的境外汇款申请书并加盖预留在银行的印鉴章。见表 4－3。

境外汇款申请书是汇款人和银行（汇出行）之间的一项契约。进口企业应根据实际情况填写，应翔实准确，若由于汇款申请书的错漏而引起延误、差错等，后果由汇款人自己承担。

境外汇款申请书样式及填写方法见表 4－3，此为外汇管理局的标准版本，各银行的格式化境外汇款申请书在此标版的基础上结合本行的业务手续对其进行了简化。

（2）提交外汇管理要求的单据。

由于我国是外汇管制国家，进口企业对外付款时还必须根据我国外汇管理局的要求，在汇出款项时将有关单据交银行审核。

汇付项下对外付款类型不同，所需要的材料也会有所不同：

①货到付款所需资料：境外汇款申请书、购汇申请书、进口合同、发票、正本进口报关单、提单、进口付汇核销单、进口许可证、登记表及进口证明（或有），各种不同贸易方式及运输方式对应的凭证单据、进口付汇备案表（或有）以及委托代理协议（或有）。

②预付货款所需材料：境外汇款申请书、购汇申请书、进口合同、进口付汇核销单及形式发票。可能要求的资料：预付款保函、进口许可证、登记表、进口证明、进口付汇备案表、委托代理进口合同。上述预付款保函是指国外出口商银行开出的履约保函。

③佣金汇出所需的材料：境外汇款申请书、非贸易对外付款申报单、购汇申请书（若申请购汇）。暗佣（是指未在合同中表明有佣金及佣金比例的佣金）还需佣金协议。超过合同总额5%，或/并超过等值1万美元以上的佣金汇出，还需要提供外汇管理局的批准件。

④尾款汇出所需的材料：境外汇款申请书、进口贸易合同、验货合格证明（或设备终验报告）。

⑤进口项下的海运运费汇出所需材料：境外汇款申请书、非贸易对外付款申报单、运输合同、运费发票、提单正本（或副本）。

（3）银行根据约定以采用信汇、电汇或票汇的方式向买方汇出款项（具体流程详见图4－4、4－5、4－6）。

（四）“境外汇款申请书”填制说明（见表4－3）

（1）凡采用电汇、票汇或信汇方式对境外付款的机构或个人（统称“汇款人”），须逐笔填写境外汇款申请书。

（2）日期：指汇款人填写此申请书的日期。

（3）申报号码：此栏由银行填写。

（4）银行业务编号：此栏由银行填写。

（5）收电行/付款行：此栏由银行填写。

（6）汇款币种及金额：指汇款人申请汇出的实际付款币种及金额。

（7）现汇金额：指汇款人申请汇出的实际付款金额中，直接从外汇账户（包括外汇保证金账户）中支付的金额或汇款人将从银行购买的外汇存入外汇账户后对境外支付的金额。

（8）购汇金额：指汇款人申请汇出的实际付款金额中，向银行购买外汇直接对境外支付的金额。

（9）其他金额：指汇款人除购汇和现汇以外对境外支付的金额，包括跨境人民币交易以及记账贸易项下交易等的金额。

（10）账号：指银行对境外付款时扣款的账号，包括人民币账号、现汇账号、现钞账号、保证金账号、银行卡号。如从多个同类账户扣款，填写金额大的扣款账号。

（11）汇款人名称及地址：对公项下指汇款人预留银行印鉴、国家质量监督检验检疫总局颁发的组织机构代码证或国家外汇管理局及其分支局（以下简称“外管局”）签发的特殊机构代码赋码通知书上的名称及地址。

（12）组织机构代码：按国家质量监督检验检疫总局颁发的组织机构代码证或外管局签发的特殊机构代码赋码通知书上的单位组织机构代码或特殊机构代码填写。

（13）个人身份证件号码：此栏针对因私业务，因公业务不填写。

（14）中国居民个人/中国非居民个人：此栏针对因私业务，因公业务不填写。

（15）收款银行之代理行名称及地址：为中转银行的名称，所在国家、城市及其在清算系统中的识别代码。这项信息一般由收款人提供，如若没有，也可以不填写。

（16）收款人开户银行名称及地址：为收款人开户银行名称，所在国家、城市及其在清算系统中的识别代码。

（17）收款人开户银行在其代理行账号：为收款银行在其中转行的账号。这项信息一般由收款人提供，如若没有也可以不填写。

（18）收款人名称及地址：指收款人全称及其所在国家、城市，另外还需填写收款人账号 Bene ' s A/C No. 。

（19）汇款附言：由汇款人填写所汇款项的必要说明，可用英文填写且不超过 140 字符。

（20）国内外费用承担：指由汇款人确定办理对境外汇款时发生的国内外费用由何方承担，并在所选项前的方框中打“√”。

①“OUR”指汇款行的费用和其他银行的费用都由汇款人承担，该项一般在境内汇款中不使用；

②“BEN”指汇款行的费用和其他银行的费用都由收款人承担；

③“SHA”指汇款行的费用应由汇款人承担，但除此以外的其他银行的费用都由收款人承担。

（21）收款人常驻国家（地区）名称及代码：指该笔境外汇款的实际收款人常驻的国家或地区。名称用中文填写，代码根据“国家（地区）名称代码表”填写。

（22）交易编码：应根据本笔对境外付款交易性质对应的“国际收支交易编码表（支出）”填写。

①如果本笔付款为多种交易性质，则在第一行填写最大金额交易的国际收支交易编码，第二行填写次大金额交易的国际收支交易编码；

②如果本笔付款涉及进口付汇核销项下交易，则核销项下交易视同最大金额交易处理；

③如果本笔付款为退款，则应填写本笔付款对应原涉外收入的国际收支交易编码。

（23）相应币种及金额：应根据填报的交易编码填写。

①如本笔对境外付款为多种交易性质，则在第一行填写最大金额交易相应的币种和金额，第二行填写其余币种及金额，两栏合计数应等于汇款币种及金额；

②如本笔付款涉及进口付汇核销项下交易，则核销项下交易视同最大金额交易处理。

（24）交易附言：应对本笔对境外付款交易性质进行详细描述。

①如果本笔付款为多种交易性质，则应对相应的对境外付款交易性质分别进行详细描述；

②如果本笔付款为退款，则应填写本笔付款对应原涉外收入的申报号码。

（25）外汇局批件/备案表号：指外汇局签发的，银行凭以对外付款的各种批件或进口付汇备案表号。

（26）报关单经营单位代码：指由海关颁发给企业的“自理报关单位注册登记证明书”上的代码。

（27）报关单号：指海关报关单上的编码，应与海关报关数据库中提示的编码一致。若有多张报关单，表格不够填写，可另附页。

（28）最迟装运日期：指货物的实际装运日期。境外工程物资和转口贸易项下的支付中，最迟装运日期应为收汇日期，书写格式为（YYMMDD）。

（29）购汇汇率（银行专用栏）：指对境外汇款金额中，以人民币购汇部分的汇率。

表 4－3　境外汇款申请书样式

境　外　汇　款　申　请　书

APPLICATION FOR FUNDS TRANSFERS (OVERSEAS)

致：
TO:

日期
Date

	□电汇□ T/T □票汇 D/D □信汇 M/T	发电等级 Priority	□普通 Normal □加急 Urgent
申报号码 BOP REPORTING NO.	□□□□□□□ □□□□ □□ □□□□□□□ □□□□		
20　银行业务编号 Bank Transac.Ref.No		收电行/付款行 Receiver/Drawn on	
32A　汇款币种及金额 Currency&Interbank Settlement Amount		金额大写 Amount in Words	
其中　现汇金额 Amount in FX		账号 Account No.	
其中　购汇金额 Amount of Purchase		账号 Account No.	
其中　其他金额 Amount of Others		账号 Account No.	
50a　汇款人名称及地址 Remitter's Name &Address		□对私	个人身份证件号码 Individual ID NO.
□对公　组织机构代码 Unit code			□中国居民个人　□中国非居民个人
54/56A　收款银行之代理行名称及地址 Correspondent of Beneficiary's Bank Name &Address			
57a　收款人开户银行名称及地址 Beneficiary's Bank Name &Address	收款人开户银行在其代理行账号 Bene's Bank A/C No.		
59a　收款人名称及地址 Beneficiary's Name &Address	收款人账号 Bene's A/C No.		
70　汇款附言 Remittance Information	只限140个字位 Not exceeding 140 characters	71A	国内外费用承担 All Bank's Charges if Any are to be Borne by □汇款人OUR □收款人BEN□共同SHA
收款人常驻国家（地区）名称及代码 Resident Country/Region Name &Code			□□□
请选择：□预付货款 Advance Payment □货到付款 Payment against Delivery □退款 Refund □其他Others			最迟装运日期
交易编码 BOP Transac code　□□□□□□ / □□□□□□	相应币种及金额 Currency &Amount	交易附言 Transac Remark	
是否为进口核销项下付款	□是　□否	合同号	发票号
外汇局批件/备案表号		报关单经营单位代码	□□□□□□□□□□
报关单号	报关单币种及总金额		本次核注金额
报关单号	报关单币种及总金额		本次核注金额
银行专用栏	申请人签章		银行签章
购汇汇率	请按照贵行背页所列条款代办以上汇款并进行申报		
等值人民币			
手续费			
电报费			
合计			
支付费用方式　□现金 □支票 □账户	申请人姓名 电话		核准人签字 日期
核印	经办		复核

第三节 托收

一、托收的概念

《托收统一规则》(国际商会第522号出版物)第二条给托收所下的定义是:就本惯例条文而言,“托收”意指银行根据所收到的指示处理金融单据和(或)商业单据,以便取得付款和(或)承兑,或者凭付款和(或)承兑交付单据,或者按其他条款和条件交单。

根据这个定义,托收是指债权人(通常是出口人)出具汇票委托银行向债务人(通常是进口人)要求付款和(或)承兑,在债务人付款和(或)承兑时才向债务人交付单据的结算方式。

显然,托收支付方式属于逆汇业务,可用于货款托收,也可用于非货款托收。托收是建立在商业信用基础上的一种结算方式,尽管银行参与结算,但银行不提供信用,即债权人最终是否能得到付款,取决于付款人的信用。银行办理托收业务时,只是作为委托人的代理人,既无检查单据是否齐全或正确的义务,也无承担保证付款的责任。如果付款人拒绝付款赎单,除非另有约定,银行并无义务代为保管货物。

二、托收的当事人及业务流程

(一)托收的当事人

1. 托收方式涉及四个主要当事人,即委托人、托收行、代收行和付款人

(1)委托人(Principal):是指托收业务中委托银行办理托收的一方(通常就是国际贸易实务中的出口人)。由于委托人常需开具汇票委托银行向国外债务人收款,所以往往被称为出票人(Drawer)。

(2)托收行(Remitting Bank):是指接受委托人委托办理托收的银行,通常就是出口人所在地银行。一旦接受委托,托收行负责将有关单据寄送代收行,因而又称寄单行。

(3)代收行(Collecting Bank):是指接受托收行委托,向付款人收款的银行,包括除托收行以外的参与办理托收业务的任何银行。代收行通常是托收行在付款人所在地的联行或代理行。

(3)付款人(Drawee or Payer):是指根据托收指示,由代收行向其提示单据并要求其付款的人。托收业务中的付款人,即商务合同中的债务人,通常就是在国际贸易实务中的进口人。

2. 托收业务中,还可能出现“提示行”和“需要时代理”两个其他当事人

(1)提示行(Presenting Bank):又称交单银行,是指向付款人提示单据的银行。一般情况下,由代收行兼任。但如果代收行与付款人素无往来关系,而与付款人的往来银行却有账户关系时,为能如期收款,也为便于付款人融通资金,代收行可以主动或者应付款人的请求,委托与代收行有账户关系的付款人的往来银行充当提示行。

（2）需要时代理（A Representative to Act as Case of Need）：是委托人为了防止因付款人拒付货款而出现货物无人照料的情形，在付款地事先指定的代理人，委托其在付款人拒付时处理有关货物的事宜（存仓、转售或运回等事宜）。按照惯例，如果委托人在托收指示书中有指定"需要时代理"，他应同时明确且完整地注明该代理人的权限；如无注明，银行将不接受该代理人的任何指示。如果该代理发出超越其规定权限的指示，银行也将不予接受。

托收项下的所有受托方（托收行、代收行及提示行）均须承担自己的"过失"责任，凡未能按照规则或惯例履行其自身应尽责任和义务的，谓之"过失"。

（二）托收的业务流程（见图4－14）

在国际贸易中如买卖双方约定用托收方式结算货款，则一般要经过如下的业务环节。当然，在实际业务中，托收的程序会因托收种类的不同而有所差异。

（1）订立国际货物买卖合同：出口人和进口人订立国际货物买卖合同，其中明确规定以托收方式支付货款。

（2）出口人发货、制单：出口人按照合同的规定备货、装运，然后制作汇票、备妥有关单据。

（3）出口人填写托收委托书并委托银行收款：出口人填写托收委托书，连同货运单据和汇票送交托收行，委托其向进口人收款。

（4）托收行选择代收行并发出托收指示：托收行可以选用出口人应进口人请求而提名的银行作为代收行。但如出口人未对代收行作任何提名，则由托收行视具体情况选择在付款人所在国的银行为代收行，并向其发出托收指示，及将出口人递交的汇票和所附单据一次或分次寄往代收行请其代为收款。

（5）代收行通知进口人并向其提示票据和（或）单据：代收行填制代收通知书，以通知进口人验单付款或承兑。代收行通知进口人时，一般将汇票和通知书一起送交进口人。如为即期付款托收业务，这种通知即为对进口人按汇票金额立即付款的要求，就是付款提示；如为远期付款托收业务，这种通知即为对进口人在汇票上立即承兑的要求，也就是承兑提示。

（6）进口人验单、付款、承兑和领取单据：进口人接到通知后到银行审核单据时，如单据不符合合同规定，进口商可以表示拒付，但要说明拒付的理由，即列明单据的不符点，以便代收行及时通过托收行转告委托人，使委托人得以通过托收行向代收行做出进一步的指示；如单据合格，则进口人应向代收行付款或承兑，之后代收行按照托收委托书的指示在进口人付款或承兑后将单据交给进口人。

（7）代收行将款项交给托收行：代收行收款后，按托收委托书的指示将相关款项划拨托收行账户，并通知托收行款已收妥。

（8）托收行向出口人交款：托收行收款后，按托收申请书的指示向出口人交款或贷记出口人账户并通知出口人。

需要提醒的是，进口人凭单提货后，如发现货物不符，可凭有关单据向各相关责任方提出赔偿要求。若由承运人的失误引起，可凭运输单据向承运人要求赔偿；若属保险公司的承保责任，可凭保险单向保险公司索赔；若货物质量不良是出口人的责任，则可凭到货的检验证书和买卖合同向出口人索赔。

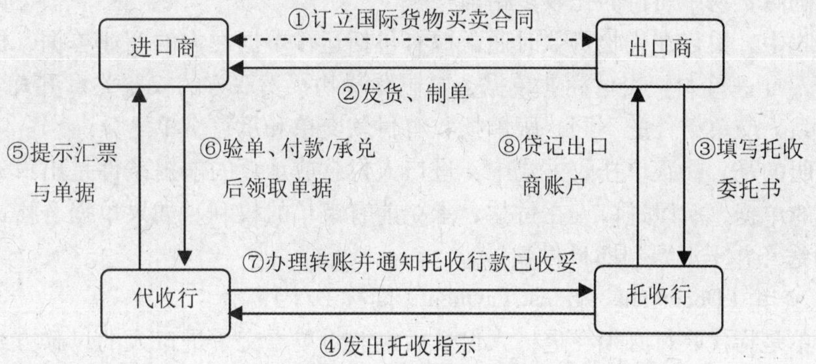

图 4－14 托收业务流程图

三、托收的种类

根据《托收统一规则》（国际商会第 522 号出版物）第二条 b 款，委托人通过银行向付款人提示，要求其付款的单据可以分为两大类：①金融单据，是指汇票、本票、支票或其他用于取得付款的类似凭证；②商业单据，是指发票、运输单据、物权单据或其他类似单据，或者一切不属于金融单据的其他单据。在此基础上，国际商会把托收分为光票托收和跟单托收。

（一）光票托收

1. 光票托收的含义

光票托收是指托收银行受客户委托办理的不附带任何商业单据的金融单据的托收业务。实际业务中，用于光票托收的金融单据可包括银行汇票、本票、私人支票和商业汇票等。

2. 光票托收的适用范围

（1）贸易、非贸易项下的小额支付，如收取货款余额或贸易从属费用（保险费、运费、样品费等）。

（2）在国内不能兑换的外币现钞（含残币）。

（3）外汇支票、本票、国外债券、存单等有价凭证的托收业务。

（4）不能或不便提供商业单据的交易，如寄送样品或软件等高科技产品交易、时令性商品交易以及服务和技术转让等无形贸易。

3. 光票托收的特点

（1）费用低廉。光票托收的银行费用相对较低。

（2）安全稳妥。直接向付款人邮寄收款存在较大风险，通过银行间的国际网络收款可以避免这些风险，是较安全的收款方式。

（3）服务便捷。如托收行与付款行或代收行签有“立即贷记”协议，则可大大缩短收款时间。

（二）跟单托收

跟单托收有两种情形：附有商业单据的金融单据的托收和不附有金融单据的商业单据

的托收。在国际贸易中所讲的托收多指前一种。

跟单托收中，银行在代收货款时通常握有包括运输单据在内的商业单据，银行按何种条件向付款人（进口人）交付商业单据，与国际货物买卖双方的权益关系重大。因此，根据银行向付款人交单条件的不同，跟单托收有付款交单和承兑交单之分。

需要说明的是，在跟单托收方式中，进口人付款或承兑的前提条件是出口人交付与合同规定相符的单据，所以进口人在付款、承兑前有审单的权利。如果单据合格，进口人必须付款或承兑（并于汇票到期日付款）。

1. 付款交单（Documents against Payment，简称 D/P）

付款交单是指代收行必须在进口人付款后方能将单据交予进口人的付款方式。按付款时间的不同，付款交单又可分为即期付款交单和远期付款交单。

（1）即期付款交单（Documents against Payment at Sight，简称 D/P at Sight）（见图 4－15）。

即期付款交单是指代收行在收到托收行的单据和托收委托书后立即自行或通过提示行向进口人提示有关单据，进口人审核单据并确认合格后必须马上付款，代收行收款后将单据交付进口人。

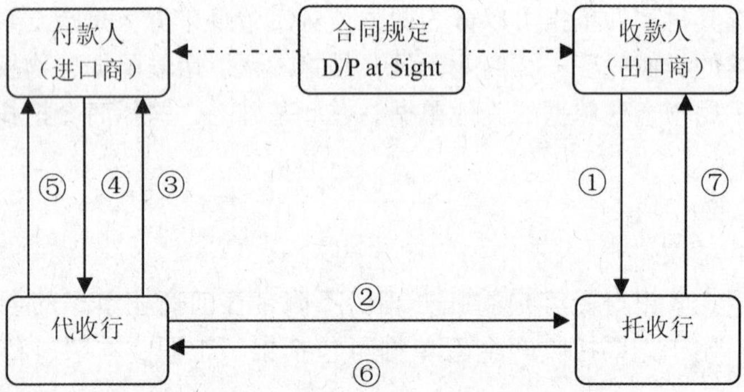

图 4－15　即期付款交单业务流程图

图示说明：

①出口商填写托收申请书，向托收行提出托收申请；托收行审查托收申请书及托收单据；

②托收行选定代收行后，填写托收委托书，委托代收行代为收款；

③代收行审查托收委托书及有关单据，决定是否接受委托；如接受委托，则通知进口商并向其提示即期汇票及有关单据；

④进口商审核单据并确认合格后立即付款；

⑤代收行将单据交付进口商；

⑥代收行通知托收行款已收妥，并将款项划拨托收行账户；

⑦托收行收款后，按托收申请书的指示向出口商交款或贷记出口商账户；

（2）远期付款交单（Documents against Payment after Sight，简称 D/P after Sight）（见图 4－16）。

远期付款交单是指代收行在收到托收行的单据和托收委托书后立即自行或通过提示行向进口人提示有关单据，进口人审核单据并确认合格后应立即承兑汇票，并于付款到期日向代收行付款，代收行在收妥票款后向进口人交付相关单据。

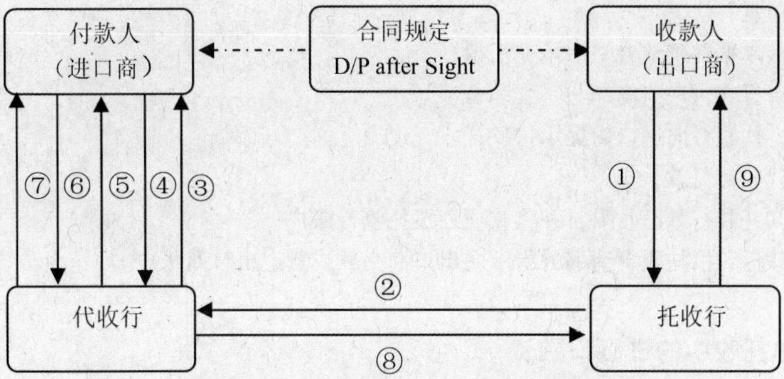

图 4－16　远期付款交单业务流程图

图示说明：

①出口商填写托收申请书，向托收行提出托收申请；托收行审查托收申请书及托收单据；

②托收行选定代收行后，填写托收委托书，委托代收行代为收款；

③代收行审查托收委托书及有关单据，决定是否接受委托。如接受委托，则通知进口商并向其提示远期汇票及有关单据；

④进口商审核单据并确认合格后承兑汇票；

⑤汇票到期，代收行向进口商提示付款；

⑥进口商向代收行付款；

⑦代收行将单据交付进口商；

⑧代收行通知托收行款已收妥，并将款项划拨托收行账户；

⑨托收行收款后，按托收申请书的指示向出口商交款或贷记出口商账户。

2. 承兑交单（见图 4－17）

承兑交单是指在使用远期汇票收款时，当代收行或提示行向进口人提示汇票和单据后，进口人审核单据并确认合格后承兑汇票，银行即凭进口人在汇票上的承兑向进口人交付单据。待汇票到期，进口人再向代收行付款。

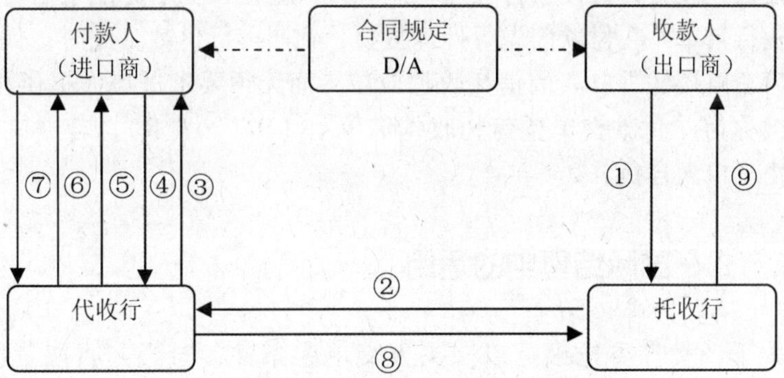

图 4－17　承兑交单业务流程图

图示说明：

①出口商填写托收申请书，向托收行提出托收申请；托收行审查托收申请书及托收单据；

②托收行选定代收行后，填写托收委托书，委托代收行代为收款；

③代收行审查托收委托书及有关单据，决定是否接受委托；如接受委托，则通知进口商并向其提示远期汇票及有关单据；

④进口商审核单据并确认合格后承兑汇票；

⑤代收行将单据交付进口商；

⑥汇票到期，代收行向进口商提示付款；

⑦进口商向代收行付款；

⑧代收行通知托收行款已收妥，并将款项划拨托收行账户；

⑨托收行收款后，按托收申请书的指示向出口商交款或贷记出口商账户。

（三）跟单托收中的进出口融资

跟单托收中的出口人可采用出口押汇、进口人可凭信托收据借单向银行请求资金融通。

（1）托收出口押汇：托收行给予出口人的一种以商业单据为抵押的资金融通。具体做法是：委托人将托收申请书连同托收单据一起交给托收行要求收取货款时，托收行经过审单，若认为单据合格且付款人信用可靠，即以单据为抵押买入委托人的汇票，按照汇票的票面金额扣除垫付日当天与付款日之间的利息后将余款支付给委托人。

然而，在托收方式下，托收行垫付资金有较大的风险，因为很可能发生到期进口人拒付货款的情形。此时，托收行虽然可以向出口人追索或凭商业单据提取并处理货物，但往往存在诸多麻烦，会遭受一定的损失。因此，只有对资信好的委托人和付款人并在即期付款交单方式下，银行才愿意去做，而且一般不会全额垫付。

（2）凭信托收据借单（Trust Receipt，简称 T/R）：远期付款交单业务中的进口人承兑汇票后，可以凭信托收据向代收行借出单据，凭单提取并处理货物，在付款到期日将货款交付给银行，收回自己的信托收据。

通过这种方式给进口人以资金融通，通常由代收行自行决定，即代收行通过审查进口人的资信，认为其可靠或要求其提供担保、抵押品后，自行同意进口人凭某信托收据借单。如货物被提走而到期进口人又拒付，则所有后果由代收行承担。

在实际业务中，偶尔也有由出口人指示银行向进口人提供资金融通的做法，出口人在托收申请书中授权托收行转告代收行并通知进口人；进口人在承兑汇票后可凭自己出具的信托收据向代收行借单，在付款前先行处理货物，到期再行付款。此时，代收行可以在进口人承兑汇票后，直接凭进口人的信托收据放单，而无须要求进口人提供担保或抵押品。这种做法通常被称为“付款交单凭信托收据借单”（D/P · T/R），若进口人到时拒付货款，一切后果由出口人自负。

四、托收方式在国际结算中的运用

在托收方式下，卖方委托银行以向买方交单为条件，向买方收取货款或取得付款承诺。

（一）托收项下对外付款/承兑需要办理的手续

接到代收行的进口来单通知书及全套货物单据复印件后，买方应做以下工作：

1. 审单

托收项下的单据，代收行只转交，没有审单义务。所以买方在接到代收行转来的单据复印件后，应谨慎地审核单据以决定是否接受单据并对外付款或承兑；同时要判断运输单据的真伪，通过委托银行进行船情调查或向船公司在进口地代理咨询提单上所注明的船只的动态。

2. 付款/承兑需提交的文件

如买方同意付款或承兑，应该在代收银行的“进口代收来单确认书”上明确表示同意付款或承兑，并加盖财务专用章或其他约定印鉴，填写银行格式化的“对外付款/承兑通知书”（见表4－4），加盖在银行预留的印鉴。除这两份文件要交给银行外，一并提交的还有进口合同（如为代理进口，还需要提交代理协议）以及其他可能要求的资料，如购汇申请书、进口付汇备案表、进口许可证、进口证明等。

3. 付款赎单或承兑收单

（1）付款交单（D/P）：以付款交单方式结算的，买方在提交上述单据并办妥付款手续后，如以其自有外汇支付，代收行从其外汇账户中划款支付；如使用银行贷款支付的，由银行有关信贷部门提供资金支付，同时核减相应授信额度；需要银行售汇的，买方将足额的购汇人民币资金划至银行，按结售汇有关规定办理售汇支付。完成以上的手续后，买方便可从银行索取全套进口货物单据以进行清关提货。

（2）承兑交单（D/A）：以承兑交单方式结算的，买方在代收行交来的“进口代收来单确认书”上明确同意承兑，同时加盖全套财务专用章或约定印鉴并签署日期后交代收银行。来单中附有远期汇票的，买方还要按照《中华人民共和国票据法》的规定，在远期汇票上注明“无条件承兑”字样。在完成以上手续后，银行即向买方交付全套进口货物单据。

（3）远期付款交单：以远期付款交单方式结算的，买方在审单并确认无误后，应向代收行承诺于到期日付款，代收行在到期日前向买方提示付款，买方在到期日付款后方可取得全套单据。

（二）托收项下买方对外拒绝付款/拒绝承兑的处理

1. 审单时的拒付

买方在审核单据后决定不予付款或不予承兑时，要在“进口来单确认书”上说明拒绝付款或拒绝承兑的理由。

2. 提货后货物与合同不符的处理

托收项下买方凭提单取货（或在空运、陆运、邮寄等其他运输方式下，凭有关部门的到货通知提货）后，如果发现货物的质量与合同规定不符，在付款交单条件下，买方只能根据合同向卖方提出索赔；在承兑交单条件下，尽管做了承兑，买方仍可拒付。

（三）“对外付款/承兑通知书”填写说明（见表4－4）

（1）日期：指缮制“对外付款/承兑通知书”的日期。

（2）结算方式：选择适当的结算方式，并在该选项前打“√”。

（3）信用证/保函编号：在信用证/保函结算方式时填写，托收结算方式时不填。

（4）索汇币种及金额：指国外银行索偿币种及金额。

（5）期限：远期付款天数。

（6）到期日：指实际付款日期（YYMMDD）。

（7）来单行名称及编号：指国外寄单行/托收行名称及编号。

（8）收款行名称及地址：指最终收款银行名称及其所在国家、城市。

（9）付款人名称：信用证/保函项下为申请人名称，进口代收项下为汇票付款人名称。

（10）组织机构代码：按国家质量监督检验检疫总局颁发的组织机构代码证或外管局签发的特殊机构代码通知书上的单位组织机构代码或特殊机构代码填写。

（11）个人身份证件号码：此栏针对因私业务，因公业务不填写。

（12）中国居民个人/中国非居民个人：此栏针对因私业务，因公业务不填写。

（13）银行附言：内容包括单据种类、份数、不符点情况、经办银行对付款人提出的要求以及其他需要说明的情况。

（14）申报号码：此栏由银行填写。

（15）实际付款币种及金额：此栏由银行填写。

（16）付款编号：此栏由银行填写。

（17）购汇汇率：此栏由银行填写。

（18）收款人常驻国家（地区）名称及代码：指本笔境外付款的实际收款人常驻的国家或地区。名称用中文填写，代码根据第三联背面“国家（地区）名称代码表”填写。

（19）最迟装运日期：指货物的实际装运日期。

（20）外汇局批件/备案表号：指外汇局签发的，银行凭以对境外付款的各种批件或进口付汇备案表号。

（21）付款币种及金额：指付款人支付的币种及金额。

（22）购汇金额：指实际付款金额中，向银行购买外汇直接对境外支付的金额。

（23）现汇金额：指实际付款金额中，直接从外汇账户（包括外汇保证金账户）中支付的金额。付款人将从银行购买的外汇存入外汇账户（包括外汇保证金账户）后对境外支付的金额；付款人以外币现钞方式对境外支付的金额。

（24）其他金额：指付款人除购汇和现汇以外对境外支付的金额，包括跨境人民币交易以及记账贸易项下交易等的金额。

（25）账号：指银行对境外付款时扣款的账号，包括人民币账号、现汇账号、现钞账号、保证金账号、银行卡号。如从多个同类账户扣款，填写金额大的扣款账号。

（26）交易编码：应根据本笔对境外付款交易性质对应的“国际收支交易编码表（支出）”填写。如果本笔付款为多种交易性质，则在第一行填写最大金额交易的国际收支交易编码，第二行填写次大金额交易的国际收支交易编码；如果本笔付款涉及进口付汇核销项下交易，则核销项下交易视同最大金额交易处理；如果本笔付款为退款，则应填写本笔付款对应原涉外收入的国际收支交易编码。

（27）相应币种及金额：应根据填报的交易编码填写，如果本笔对境外付款为多种交易性质，则在第一行填写最大金额交易相应的币种和金额，第二行填写其余币种及金额。两栏合计数应等于付款币种及金额；如果本笔付款涉及进口付汇核销项下交易，则核销项下交易视同最大金额交易处理。

（28）交易附言：应对本笔对境外付款交易性质进行详细描述。如果本笔付款为多种交易性质，则应对相应的对境外付款交易性质分别进行详细描述；如果本笔付款为退款，则应填写本笔付款对应原涉外收入的申报号码。

（29）付款人印鉴：付款人在确认同意付款/承兑/拒付后，加盖在银行预留的印鉴。

表 4-4　对外付款/承兑通知书样式

对外付款/承兑通知书

银行业务编号：　　　　　　　　　　　　　　　　　　　　日期：

结 算 方 式	□信用证　□保函　□托收　□其他		信用证/保函编号		
来单币种及金额			开证日期		
索汇币种及金额			期限	到期日	
来单行名称			来单行编号		
收款人名称					
收款行名称及地址					
付款人名称					
□对公　组织机构代码		□对私	□个人身份证件号码		
扣费币种及金额			□中国居民个人	□中国非居民个人	
合同号		发票号			
提运单号		合同金额			
银行附言（各银行可根据本行业务要求规定其内容格式）					
申报号码		实际付款币种及金额			
付款编号		若为购汇支出，购汇汇率			
收款人常驻国家（地区）名称及代码	□□□	是否为进口核销项下付款	□是	□否	
是否为预付款	□是　□否	最迟装运日期	外汇局批件/备案表号		
付款币种及金额		金额大写			
其中	购汇金额	账　号			
	现汇金额	账　号			
	其他金额	账　号			
交易编码	□□□□□□	相应币种及金额		交易附言	
□同意即期付款 □同意承兑并到期付款 □申请拒付 联系人及电话 申报日期	付款人印鉴（银行预留印鉴）		银行业务章 经办　　复核　　负责人		

第四节 信用证

一、信用证业务概述

（一）信用证的含义

《跟单信用证统一惯例》（国际商会第600号出版物）（Uniform Customs and Practice for Documentary Credits, ICC Publications No. 600）（以下简称《UCP600》）第二条对跟单信用证（Letter of Credit, L/C）所下的定义是：信用证是指一项不可撤销的安排，无论其名称或描述如何，该项安排构成开证行对相符交单予以承付的确定承诺。

信用证是开证行根据开证申请人的要求和指示或为其自身业务需要，向受益人开立的在一定条件下保证付款的书面文件，只要受益人履行信用证所规定的条件，即受益人提交符合信用证条款规定的单据，开证行就保证付款。除了开证行自己可以作为付款人以外，付款人还可以是开证行指定的其他银行；收款人既可以是受益人本人，也可以是其指定人，如议付行或其往来银行。

（二）信用证的特点

国际贸易结算中的信用证方式有三个基本特点，现分述如下：

1. 开证行负第一性付款责任

《UCP600》第二条指出信用证是开证行对相符交单予以承付的确定承诺。同时《UCP600》第七条详细规定了开证行的责任："a. 只要规定的单据提交给指定银行或开证行，并且构成相符交单，则开证行必须承付；b. 开证行自开立信用证之时起即不可撤销地承担承付责任。"

在信用证项下，开证行的付款责任不仅是第一性的而且是独立的，即使开证人（通常为合同中的进口人）在开证后丧失偿付能力，开证行依然要对受益人（通常为合同中的出口人）提交的合格单据进行承付。

2. 信用证方式是一种单据业务

《UCP600》第五条规定："银行处理的是单据，而不是单据可能涉及的货物、服务或履约行为。"在信用证业务中，银行既没有能力也无必要介入买卖双方所交易的具体货物中，只要受益人或其指定人履行"相符交单"的责任，开证行就应承担承付的责任，而开证申请人就有义务接受单据并对已付款的银行进行偿付。

如果开证人付款赎单并根据相关运输单据提取货物后发现与合同规定不符，只能凭买卖合同和相关单据向有关责任方（可能是合同中的卖方、承运人或保险公司）要求赔付，但不能据此要求相关银行（如按指定行事的指定银行、保兑行及开证行）进行赔付。同时应该指出的是，银行虽有义务合理审慎地审核信用证中规定的所有单据，但根据《UCP600》第十四条a款的规定："按指定行事的指定银行、保兑行（如果有的话）及开证行须审核交单，并仅基于单据本身确定其是否在表面上构成相符交单。"这种审核只是确定单据表面是否符合信用证条款的规定，对单据的形式、真实性、可能的伪造及单据的法律效力概不负责。

3. 信用证是一项自足文件

信用证虽然是根据国际货物买卖合同开立的，其中所列条款也应与买卖合同中的规定相一致，但信用证一经开立就成为独立于买卖合同以外的约定，信用证的各方当事人的权利和责任完全以信用证中所列条款为依据，不受国际货物买卖合同的约束，即使受益人所交货物完全符合合同要求，但若提交的单据未能与信用证规定严格相符，开证行也有权拒绝付款。

《UCP600》第四条 a 款规定："就其性质而言，信用证与可能作为其开立基础的销售合同或其他合同是相互独立的，即使信用证中含有对此类合同的任何援引，银行也与该合同无关，且不受其约束。因此，银行关于承付、议付或履行信用证项下其他义务的承诺，不受开证申请人基于其与开证行或与受益人之间的关系而产生的任何请求或抗辩的影响。"所以，信用证是一项自足文件，开证行只对信用证负责，并只凭符合信用证条款的单据付款，参与信用证业务的其他银行也完全按信用证的规定办事。

（三）信用证的性质与作用

1. 信用证的性质

在国际贸易发展的过程中，买卖双方利害冲突不断发展，互不信任，导致出现"商业信用危机"。卖方不信任买方，担心货物出运后，如先交单后付款，货款有落空的可能，即使通过银行托收，也可能因买方拒付而招致损失；同样买方也不信任卖方，如先付货款，对方可能少发货或不发货，或者发生货不对板、以次充好的现象而导致损失。在这种情况下，为了保障买卖双方的利益，需要一个双方都信得过的第三方来起担保作用，银行以自己的天然优势理所当然地承担了这一重任，因为银行具有资金雄厚和信誉卓著的特点，商人和银行家共同创造了信用证这一支付方式。

信用证是开证行以自己的信用作出的付款承诺，只要受益人所提交的单据符合"相符交单"的要求，开证行就保证付款，所以信用证的性质属于银行信用。信用证的出现在一定程度上解决了买卖双方之间的信用危机问题，有利于交易达成，促进了国际贸易的发展。

2. 信用证的作用

信用证结算方式在国际贸易结算中有以下几个作用：

（1）银行的保证作用。主要表现在两个方面：①对进口方。信用证可以保证进口方在支付货款时即可取得代表货权的单据，可以通过信用证条款来审核单据，有效控制货权、装期以及货物的质量；如果单据不合格还可以拒绝付款赎单。②对出口方。信用证可以保证出口方在向银行提交符合信用证条款规定的单据后就可以取得货款的权利，即使在进口国出现临时外汇管制或进口方破产等风险，也可保证收取到货款。

（2）融通资金的作用。信用证可以作为一种融资工具，为进出口双方提供资金融通的便利。

首先，从进口方的角度看：① 在办理进口开证时可以申请开证授信额度，在授信额度内，开出信用证可酌情减免保证金，避免资金占压。② 在单据到达进口地后，如果进口商资金周转暂时困难，可以向银行申请由银行代进口商对国外垫付货款的进口押汇业务。进口商通过出具信托收据，在未付款的情况下从银行领取货权凭证先行提货、出售、生产，于到期日付款。③ 进口商即期付款资金周转困难可以申请开立假远期信用证，取得开证行或出口地银行的融资，于远期到期日付款。④ 对货运单据晚于货物到达进口地，进口商还可以请求银行为其出具提货担保，在未付款未取得提货凭证的情况下，凭提货担保先提出货物进行销售，待货运单据到达后再付款赎单替换提货担保，这种做法可以避免或减少滞期费。在这种情况下，如果到达的单据中存在问题，进口商会丧失拒绝付款的权利。

其次，从出口方的角度考虑：① 可以凭进口商提供的信用证，在出口货物之前到银行申请信用证抵押打包贷款，为出口商在装运前提供资金，购买货物或支付加工费等；② 在向银行交单议付时，只要提交符合信用证条款要求的合格单据便可以得到议付货款；③ 在承兑信用证项下，还可以通过银行及金融机构对承兑汇票贴现，即期得到资金；④ 针对某些商品，出口商还可以通过预支信用证，在发货前就得到开证行或其指定银行的预付款，以满足出口商备货出口的资金需求。

二、信用证业务的当事人及业务流程

（一）信用证的当事人

在信用证业务中涉及的当事人很多，不同种类的信用证又有不同的当事人。一般而言，信用证涉及的主要当事人有四个：开证申请人、开证行、通知行、受益人。

1. 开证申请人

开证申请人是指向银行申请开立信用证的人，通常是进口商，即国际货物买卖合同中的买方。开证申请人须于买卖合同中规定的时间内向银行申请开立信用证，并承担开证行为执行其指示所产生的一切费用，最终审核单据并确认单据合格后履行付款赎单义务。开证申请人为信用证业务的发起人。

2. 开证行

开证行是指接受开证申请人的委托或者代表自己开出信用证的银行，一般是进口商所在地的银行。开证行是信用证业务中最重要的一方，其信誉与业务经验往往是其他当事人考虑是否参与该信用证业务的主要因素。

3. 通知行

通知行是指应开证行的要求通知受益人的银行，一般是开证行在出口人所在地的代理行。通知行应合理审慎地鉴别所通知的信用证及其修改书的表面真实性并及时、准确地将信用证及其修改书通知受益人，除此之外无须承担其他义务。

4. 受益人

受益人是指接受信用证并享受其利益的一方，通常是进口商，也就是国际货物买卖合同中的卖方。受益人只要履行了按信用证条款制作合格单据的义务，就有向信用证开证行或其指定银行提交单据并收取货款的权利。

除主要当事人以外，信用证通常还需要议付行、付款行、保兑行、偿付行等当事人的配合和协作，才能顺利完成一笔信用证业务。

（1）议付行是指根据开证行的授权，在受益人应获偿付的银行工作日当天或之前向受益人预付或者同意预付款项，在相符交单条件下购买受益人提交的汇票等金融单据的银行。

（2）付款行是指明确同意开证行指定并告知受益人的承担信用证项下的承付责任的银行，如开证行未指定付款银行，而由开证行自己付款时，开证行就兼为付款行，因为开证行自开立信用证之时起即不可撤销地承担承付责任。接受指定的付款行要负责审查单据，在确认无误后进行付款，随后再要求开证行予以偿付。

（3）保兑行指根据开证行的授权或要求对信用证加具保兑的银行，该保兑是在开证行承诺之外做出的承付或议付相符交单的确定承诺。保兑行具有与开证行相同的责任和地位，自对信用证加具保兑之时起，即不可撤销地对受益人承担承付或议付的责任。

（4）偿付行是指受开证行的委托或授权，对信用证上的指定银行（索偿行）予以偿付的银行。偿付行是开证行的偿付代理人，通常是开证行的存款账户。偿付行接受开证行的委托或授权，凭指定银行的索偿指示进行偿付，但由于偿付行并不审查单据，不负单据不符之责。因此，开证行在接到偿付行转来单据发现单据不符时，可直接向索偿行追回业已付讫的款项。

（二）信用证的业务流程（见图4－18）

跟单信用证的业务流程随信用证的类型不同而有所差异。但就其基本环节而言则大体相同。现扼要介绍即期跟单议付信用证的业务流程及其各环节的具体内容。以下是业务流程示意图：

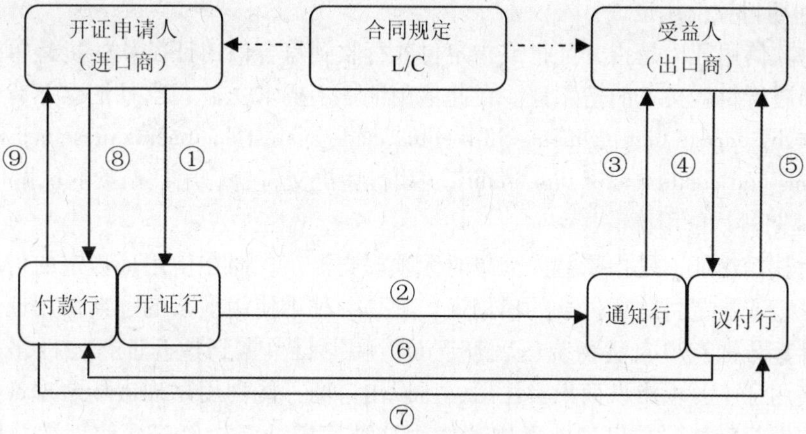

图4－18　信用证业务流程图

图示说明：

①进口商按合同规定向银行提出开证申请，并缴纳押金或其他担保和手续费；

②开证行开立信用证并以SWIFT或电传方式传递给通知行；

③通知行核对印押无误后，将信用证通知受益人（出口商）；

④受益人根据合同审证信用证并确认一致后，即按规定条件装运。装运后制作信用证要求的各种单据并开具汇票，并在信用证规定的有效期和交单期内送交议付行议付；

⑤议付行按信用证条款审核单据无误后，进行议付；

⑥议付行将汇票和单据寄交开证行或付款行进行索偿；

⑦开证行或付款行审核单据确认无误后，偿付货款给议付行；

⑧开证行或付款行通知进口商付款赎单，进口商审核单据确认无误后付款；

⑨开证行或付款行将单据交给进口商，进口商凭以提货。

三、信用证业务的种类

信用证分类的依据多种多样，所以信用证中的种类也很多。根据信用证项下的汇票是否随附装运单据，信用证可分为光票信用证和跟单信用证。

光票信用证是指开证行仅凭不附单据的汇票付款的信用证。有的信用证要求汇票附有发票、垫款清单等非货运单据，也属光票信用证。在国际买卖中，可以采用光票信用证预付货款。

跟单信用证是指随附单据的汇票或仅凭单据付款的信用证。单据中包括代表货物所有权或证明货物业已装运的装运单据，前者是指海运提单，后者指铁路运单、航空运单、邮包收据等。

国际贸易结算中所使用的信用证绝大多数是跟单信用证，因此下面介绍的是跟单信用证从其兑用方式、保证性质等不同角度进行的分类。

1. 即期付款信用证、延期付款信用证、承兑信用证和议付信用证

按兑付方式不同，跟单信用证分为即期付款信用证、延期付款信用证、承兑信用证和议付信用证。（《UCP600》第六条 b 款规定："信用证必须规定其是以即期付款、延期付款、承兑还是议付的方式兑用。"）

（1）即期付款信用证。

即期付款信用证，是指开证行或指定付款行收到符合信用证条款的货运单据和商业单据后，立即履行付款义务的信用证。在此信用证下不要求受益人出具汇票并有下述保证文句"We hereby engage that payment will be duly made against documents presented in conformity with the terms and conditions of this credit"（我行凭提交符合信用证条款的单据付款）。

（2）延期付款信用证。

延期付款信用证，是指受益人交单时无须提交汇票，而在信用证规定的付款日期届临时要求开证行或指定付款行付款的信用证。它是一种不使用汇票的远期信用证，其远期付款日期的计算方法有"自货物装运后若干天"和"自单据到达开证行之日起若干天"两种。这种信用证不要求出口商出具汇票，所以出口商不能利用贴现市场贴现资金，只能自行垫款或向银行借款。在出口业务中若使用这种信用证，货价应比使用承兑信用证高一些，以拉平利息率与贴现率之间的差额。

同时要注意的是，由于不使用汇票，受益人在交单后，手中不能掌握经过银行承兑的汇票，所以从法律上来说就缺少了一道保障，较之一般的承兑信用证风险要更大一些。如对开证行的资信不了解或没有把握，应要求其他国际上信誉度更为可靠的银行加具保兑。

（3）承兑信用证。

承兑信用证，是指受益人交单时同时出具以开证行或指定付款行为付款人的远期汇票，要求其在收到符合信用证规定的单据时，先在远期汇票上履行承兑手续，待汇票到期时再行付款的信用证。

需要说明的是，根据向进口商提供资金的主体不同，承兑信用证在我国的进出口实务中发展出"买方远期信用证"和"卖方远期信用证"两种做法。

买方远期信用证，在我国习惯上称为"假远期信用证"，指买卖双方在合同中规定使

用即期信用证方式付款，而实际上进口商开来远期信用证，要求受益人出具远期汇票，同时规定该远期汇票可即期议付，由付款行负责贴现，贴现利息和贴现费用由开证人负担的信用证。进口商要求使用假远期信用证的原因主要有：第一，可以利用银行信用和较低的贴现息（通常使用银行汇票可取得比银行贷款利率更低的优惠贴现率）来融通资金，减轻费用负担，降低进口成本。第二，可以摆脱某些国家外汇管制法令上的限制。有些国家由于外汇紧张，法令规定进口交易一律采用远期付款，银行只能开立远期信用证。

卖方远期信用证，在我国俗称“真远期信用证”，其实就是指一般的承兑信用证。承兑信用证由于使用远期汇票，卖方只有在汇票到期时才能得到货款，实际上是卖方给予买方资金上的融通，而卖方若由于资金周转等原因想要提前获得汇票上的金额，需自行承担利息和费用将经过银行承兑的汇票在贴现市场进行贴现。

（4）议付信用证。

议付信用证是指开证行在信用证中授权其他银行买入汇票及（或）单据，即允许受益人向某一指定银行或任何银行交单议付的信用证。根据《UCP600》第二条的规定：“议付是指指定银行在相符交单下，在其应获偿付的银行工作日当天或之前向受益人预付或者同意预付款项，从而购买汇票（其付款人为指定银行以外的其他银行）及/或单据的行为。”议付信用证一般都注明“议付兑用”（available by negotiation）字样。

议付信用证按是否限定议付行分为公开议付信用证和限制议付信用证两种。凡是任何银行均可按信用证条款进行议付的信用证为公开议付信用证或自由议付信用证。只能由开证行在信用证中指定的银行进行议付的信用证称为限制议付信用证。在实际业务中，大都使用公开议付信用证。

2. 保兑信用证和未保兑信用证

按信用证是否有开证行以外的另一家银行做出承付或议付相符交单的确定承诺，可分为保兑信用证和未保兑信用证。

（1）保兑信用证。

保兑信用证是指除开证行以外，还有另一家银行根据开证行的授权或要求对信用证加具保兑，即在开证行承诺之外作出承付或议付相符交单的确定承诺，这家银行被称为保兑行，通常是通知行，也可能是出口地的其他银行或第三国银行。

信用证一经保兑，即构成保兑行在开证行承诺以外的一项确定的承诺，保兑行与开证行一样都对受益人承担第一性的付款或议付的责任，因为同时有开证行和保兑行两家银行对受益人作出双重承诺，所以一般说来，它对出口商的安全收汇是有利的。

受益人一般在对开证行的资信不够了解，或对进口国家的政局或经济有顾虑时才提出保兑的要求，此外，有的开证行由于本身的规模和知名度等原因，唯恐开出的信用证不能被受益人接受或不易被其他银行议付，主动要求另一家银行对信用证加具保兑。

（2）未保兑信用证。

未保兑信用证，是指没有开证行以外的其他银行对开证行开出的信用证加具保兑的信用证。未保兑的信用证就是一般的信用证，由开证行单独承担对相符交单予以承付的责任。当开证行资信较好和成交金额不大时，一般都使用这种不保兑的信用证。

3. 可转让、循环、对背、对开信用证

根据信用证不同的用途和运用方式，信用证又可分为可转让信用证、循环信用证、对开信用证及对背信用证。

(1) 可转让信用证。

《UCP600》第三十八条的规定："可转让信用证系指特别注明'可转让（transferable）'字样的信用证。可转让信用证可应受益人（第一受益人）的要求转为全部或部分由另一受益人（第二受益人）兑用。"

为保护各方利益，防止办理转让过程中发生脱节现象，《UCP600》第三十八条对转让行作了特别限制：转让行是指办理信用证转让的指定银行，或当信用证规定可在任何银行兑用时，指开证行特别如此授权并实际办理转让的银行。开证行也可担任转让行。

可转让信用证只能转让一次，第二受益人不能再将信用证转让给其他任何人，但第二受益人可将信用证重新转让给第一受益人。此外，在办理转让时，为了便于保持商业秘密，第一受益人有权以自己的发票和汇票（如有的话）替换第二受益人的发票和汇票，其金额不得超过原信用证的金额。经过替换后，第一受益人可在原信用证项下支取自己发票与第二受益人发票间的差价（如有的话）。

要求开立可转让信用证的第一受益人通常是中间商，他将信用证转让给实际供货人，由后者办理装运手续，其从中赚取差额利润。应注意的是，凡是信用证上未注明"可转让"字样的，就是不可转让信用证。

(2) 循环信用证。

循环信用证是指信用证被全部或部分使用后，能够恢复到原金额重新使用的信用证。它与一般信用证的根本区别就在于后者在全部使用后即告失效，而循环信用证则可多次循环使用，直到规定的循环次数届满或规定的总金额用完为止。

循环信用证有按时间循环和按金额循环两种。

按时间循环的信用证是受益人在一定时间内（如每个月）可支取信用证规定的金额，支取后在下次的一定时间内仍可支取。上次未用完的余额可以移至下次一并使用的叫做积累循环信用证，上次余额不能移到下次一并使用的叫做非积累循环信用证。

按金额循环的信用证可分为全自动循环、半自动循环和非自动循环三种。议付后，不需要开证行通知就可以循环使用的为全自动循环；议付后，在规定的期限内，开证行不通知停止循环就可以循环使用的为半自动循环；议付后，必须开证行通知才能循环使用的为非自动循环。

进出口商之间订立买卖合同后，如果需要在较长时间内分批分期履行合同，进口商开立循环信用证可以减少手续费和节省开证押金。

(3) 对开信用证。

对开信用证是指交易的双方分别向银行申请开出的互以对方为受益人的两张信用证。

其特点是：①第一张信用证的受益人就是第二张信用证（或称回头证）的开证申请人，第一张信用证的开证申请人就是第二张信用证的受益人。②两张信用证的金额可以相等或大体相等，也可以有较大出入。③两种信用证可以分别生效，即先开先生效；也可以同时生效，即第一张信用证先开但暂不生效，待对方开来第二张回头证经受益人接受认可时才通知对方银行两证同时生效。因此，对开信用证是两张相互联系、互为条件的各自向对方开出的信用证。

对开信用证目前在我国来料加工和来件装配业务中使用较多。在使用时，一般要求对方向我方开出即期信用证，我方向对方开出远期信用证。其具体做法是：对方按照远期信用证的要求开出远期汇票，我方在开证行承兑对方汇票后先行取得进口原材料、配件和设备并对原材料进行加工生产，待成品出运后，我方以即期收取的货款偿付到期的远期汇票。

（4）对背信用证。

对背信用证又称背对背信用证，是指中间商收到进口商开来的信用证后，要求该证的通知行或其他银行以该证为基础，另外开立一张除价格和交货期外，其他条件基本相同的信用证给自己的供货商，这张另开的信用证称为对背信用证。

对背信用证虽以原证为基础，但具体条款可以跟原证不同，如装运期和交单期一般比原证提前，以便中间商能及时换单办理议付，单价也往往比原证低，以保证中间商有利可图，这与可转让信用证严格要求"已转让信用证须准确转载原证条款，包括保兑（如果有的话）"是不同的。

对背信用证与可转让信用证一样，都是中间商为了保住商业秘密，不愿将货源或销售渠道予以公开，从中赚取利润的一种结算方式，都是中间商利用买方资金从事国际贸易的方式，但对背信用证较可转让信用证而言更受中间商青睐，因为中间商使用对背信用证更能够防止泄露商业信息，杜绝供货商与进口商之间发生联系。

四、信用证业务在国际结算中的运用

（一）申请开立信用证

1. 申请开立信用证的程序

（1）填写开证申请书。

进口商根据银行规定的开证申请书格式，一般填写一式三份，一份银行结算部门留存，一份银行信贷部门留存，一份开证申请人留存。填写开证申请书，必须按照合同条款的具体规定，写明对信用证的各项要求，内容要明确、完整。各银行印制的开证申请书的格式和内容都差不多，下面简单介绍申请书填制方法。见表4－5。

1）信用证性质：不可撤销跟单信用证已印制好，如要增加保兑或可转让等内容，可加上。

2）开证行：在申请书左上角"TO"后填写向其申请开证的银行的名称。

3）申请开证日期：在申请书右上角。

4）受益人：必须填写全称及详细地址，还要注明联系电话、传真号码，便于有关当事人之间的联系。

5）分批与转运：应根据合同的规定明确地表示"允许"或"不允许"，在选项前面括号里打"×"。

6）装运条款：应根据合同规定填写装运地（港）及目的地（港），最迟装运日期，如有转运地（港）也应写清楚。

7）货物描述：应包括货物的名称、规格、数量、单价条款、唛头，内容应与合同规定一样，尤其是单价条款、数量条款不得有误。

8）包装条款：有特殊要求的，如包装规格、包装物的要求等，应具体、明确表示清楚。

9）信用证号码及合同号码：信用证号码由开证行填写；合同号码是指开立信用证所依据的销售合同号码。

10）信用证有效期及到期地点：由开证申请人根据实际需要填写。

11）传递方式：有四种，即航空邮寄（信开）、电讯方式（先发预先通知）、快递、电讯方式（所开即为有效信用证），需要哪一种方式，在选项前面括号里打“×”。

12）信用证金额：必须用数字和文字两种形式表示，并且要表明币种。信用证金额是开证行付款责任的最高限额，必须根据合同的规定明确表示清楚，如果有一定比率的上下浮动幅度，也应表示清楚。

13）付款方式：信用证有效兑付方式有四种，即即期支付、承兑、议付及延期付款，应根据合同规定，在所选方式前的括号中打“×”。

14）汇票要求：即期付款及延期付款支付方式下一般不要求提交汇票，所以无此项要求，承兑及议付方式下则此栏通常要填写以下几项内容：

① 根据合同的规定，填写信用证项下应支付发票金额的百分比。如合同规定所有贷款都用信用证支付，则汇票金额是发盘金额的100%；如合同规定该笔贷款由信用证和托收方式支付，各支付50%，则汇票金额是全部发票金额的50%，依此类推。

② 还应填写汇票的支付期限，有即期和远期之分。如是即期汇票，则在“at”后填写“SIGHT”；如是远期汇票，则在“at”后填写具体的天数，如“30 DAYS、60 DAYS、90 DAYS”等。

③ 最后是在“on”后填写付款人，根据《UCP600》的规定，信用证项下汇票的付款人必须是开证行或指定付款行。

15）价格术语：有FOB、CFR、CIF及“其他条件”四个备选项目，根据合同成交的贸易术语在选项前的括号里打“×”。

16）单据条款：印制好的单据要求共12条，其中第1条到第11条是针对具体的单据，第12条是“其他单据”，是前面11种单据以外的单据要求，有几条可按顺序添加几条，填制单据条款时应注意：

① 在所需单据前的括号里打“×”；

② 在该单据条款后填上具体的要求，如一式几份，应包括什么内容等，印制好的要求如不完整，可在该单据条款后面填写清楚；

③ 必须注意的是：申请人必须根据合同规定填写单据条款，既不可随意提出超出合同规定的要求，也不能降低或减少合同规定的要求。

17）附加条款：印制好的条款有7条，其中第1条到第6条是具体的条款要求，如需要可在选项前的括号里打上“×”，内容如不完整，可根据合同规定及买方的要求补充完整；第7条是“其他条款”，即前面6条以外的要求，有几条可按顺序添加几条。

18）开证申请人的账号：填写开证人的银行账户号码及开户银行名称。

19）开证申请人：填写开证人的名称及授权签发人的签字。

表 4－5　信用证申请书样式

IRREVOCABLE DOCUMENTARY CREDIT APPLICATION

TO:　　　　　　　　　　　　　　　　　　DATE:

Beneficiary(full name and address)	L/C No. Ex-Card No. Contract No.
	Date and place of expiry of the credit
Partial Shipments ( )allowed ( )not allowed Transshipment ( )allowed ( )not allowed	( ) Issue by airmail ( ) With brief advice by teletransmission ( ) Issue by express delivery
Loading on board/dispatch/taking in charge at/from	( ) Issue by teletransmission (which shall be the operative instruction)
not later than for transport to	Amount(both in figures and words)
Description of goods:	Credit available with ( )by sight payment ( )by acceptance ( )by negotiation ( )by deferred payment at against the documents detailed herein ( )and beneficiary's draft for 100% of the invoice value at on
Packing:	( ) FOB ( ) CFR ( ) CIF ( ) or other terms

Document required:(marked with ×)

1.( ) Signed Commercial Invoice in ______copies indicate L/C No. and Contract No.________

2.( ) Full set of clean on board ocean Bills of Lading made out ___________and ( ) blank endorsed, marked "freight" ( ) to collect/ ( ) prepaid.

3.( ) Air Waybills showing "freight ( ) to collect / ( ) prepaid ( ) indicating freight amount" and consigned to

4.( ) We normal issued by　　　　　　　　consigned to

5.( ) Insurance Policy / Certificate in _______ copies for ________% of the invoice value showing claims paypable in China in currency of the draft,blank endorsed, covering ( ) Ocean Marine Transporation / ( ) Air Transporation / ( ) Over Land Transporation ( ) All risks, War Risks.

6.( ) Packing List / Weight Memo in ______ copies indicating quantity / gross and net weights of each package and packing conditions as called for by the L/C.

7.( ) Certificate of Quantity / Weight in copies issued by an independent surveyor at the loading port, indicating the actual surveyed quantity / weight of shipped goods as well as the packing condition.

8.( ) Certificate of Quality in 1 copies issued by ( ) manufacturer / ( ) public recognized surveyor / ( ).

9.( ) Beneficiary's Certified copy of cable / fax dispatched to the accountees within _____ days after shipment advising ( ) name of vessel / ( ) flight No. / ( ) wagon No. , date, quantity, weight and value of shipment.

10. ( ) Beneficiary's certificate Certifying that extra copies of the documents have been dispatched according to the contract terms.

11.( ) Shipping Co's certificate attesting that the carrying vessel is chartered or booked by accountee or their shipping agent.

12.( ) Other documents, if any.

Additional Instructions:

1.( ) All banking charges outside the opening bank are for beneficiary's account.

2.( ) Documents must be presented within _____ days atrer the date of issuance of the transport documents but within the

3.( ) Third party as shipper is not acceptable. Short Form / Blank Back B/L is not acceptable.

4.( ) Both quantity and amount _______ % more or less are allowed.

5.( ) Prepaid freight drawn in excess of L/C amount is acceptable against presentation of original charges voucher issued by shipping Co. / Air Line / or it's agent.

6.( ) All documents to be for warded in one cover, unless otherwise stated above.

7.( ) Other terms, if any.

Account No. +++++++++++++　　　　with ______________________________ (name of bank)

Transacted by: ____

(Applicant: name, signature of authorized person)

(with seal)

Telephone No.:

（2）签署信用证开证申请人承诺书。

开证申请书的背面是信用证开证申请人承诺书，是开证申请人对开证行的声明，用以明确双方责任，内容如下：

开证申请人承诺书

致：×××银行

我公司已依法办妥一切必要的进口手续，兹谨请贵行为我公司依照本申请书所列条款开立不可撤销的跟单信用证，并承诺如下：

一、同意贵行依照国际商会第600号出版物《跟单信用证统一惯例》办理该笔信用证项下的一切事宜，并同意承担由此产生的一切责任。

二、及时提供贵行要求我公司提供的真实、有效的文件及资料，接受贵行的审查监督。

三、在贵行规定的期限内支付该信用证项下的各种款项，包括货款及贵行和有关银行的各项手续费、电讯费、杂费、利息以及国外受益人拒绝承担的有关银行费用等。

四、在贵行信用证单据通知书规定的期限内，书面通知贵行办理对外付款/承兑/确认迟期付款/拒付手续。否则贵行有权自行确定对外付款承兑/确认迟期付款/拒付，并由我公司承担由此引起的一切责任和后果。

五、我公司如因单证有不符之处而拟拒绝付款/拒绝承兑/拒绝确认迟期付款时，将在贵行单据通知书规定的期限内提出书面拒付，并附拒付理由书一式两份，一次列明所有不符点。对单据存在的不符点，贵行有独立的最终认定权和处理权。经贵行根据国际惯例审核认为不属可据以不符点的，贵行有权主动对外付款/承兑/确认迟期付款，我公司对此放弃抗辩权。

六、该信用证如需修改，由我公司向贵行提出书面申请。贵行可根据具体情况确定能否办理。我公司保证支付因信用证修改而产生的一切费用。

七、经贵行承兑的远期汇票或确认的迟期付款，我公司无权以任何理由要求贵行止付。

八、按上述承诺，贵行在对外付款时，有权主动借记我公司在贵行的账户款项。若发生任何形式的垫付，我公司将无条件承担由此产生的债务、利息和费用等，并按贵行要求及时清偿。

九、在收到贵行开出信用证、修改书的副本之后，及时核对，如有不符之处，将在收到副本的两个工作日内书面通知贵行。否则，视为正确无误。

十、该信用证如因邮寄、电讯传递发生遗失、延误、错漏，贵行概不负责。

十一、本申请书一律用英文填写。如有中文填写而引发的歧义，贵行概不负责。

十二、因开证申请书字迹不清或词意含混而引起的一切后果均由我公司负责。

十三、如发生争议须诉讼，同意由贵行所在地法院管辖。

十四、我公司已对开证申请书及承诺书各条款进行审慎研阅，对各条款含义与贵行理解一致。

同意受理

银行盖章	申请人（盖章）
负责人 或授权代理人	法定代表人 或授权代理人

年　　月　　日

（3）提交有关合同的副本及附件。

为了最大限度地规避风险，银行除开证申请书外，还会要求开证申请人提供其他相关资料。资料可分两类：一是关于企业法定资格的，如工商注册、进出口资格、外汇局“名录”、进口付汇备案表等有效凭证，此类资料对于第一次开证的申请人要求提供，银行和申请人有长期业务者就不作要求；二是关于开证项目的资料，如进口合同、贸易进口付汇核销单、进口付汇备案表、开证文件签字人的法人（或董事会）授权书等。

（4）支付开证保证金。

在向银行递交开证资料的同时，还需按事先约定的金额向银行支付开证保证金：保证金的比例为开证金额的0～100%不等。当保证金小于开证金额时，其差额部分实际上是银行给开证申请人提供的短期贸易融资。

银行向开证申请人收取保证金的比例取决于银行对其提供短期贸易融资的信用额度。对于专业的进出口公司或是有一定进出口规模的工矿企业，可向银行申请短期贸易融资额度，银行多采取综合授信方式，即在对开证申请人的经营风险、财务状况及其与银行业务往来的历史记录进行综合评估的基础上，免收或减收其开证保证金，授予一定规模的、为期一年的授信额度用于进口开证的方式。如被银行授予1 000万美元额度，当开证申请人对外开证的差额部分同期累计在1 000万美元内时，则开证申请资料在银行内的审批程序就会相对简单。银行向企业提供的这种授信额度的大小取决于企业在银行的信用，而这种信用往往是在长期业务关系往来中逐步建立起来的。

银行每年会对企业的授信额度进行授信复审，主要考察的是企业上年度的财务状况，其中财务审计报告是最重要的报审资料。

对于大笔的差额开证项目或是超出授信额度的开证项目，银行则采取单笔授信的做法，即对此项目单独进行授信评估审查，这时银行所需开证申请人提供的各种资料证明就要复杂一些，对资料的审查尤其是担保资料的要求也会严格得多，审批时间自然也长。这时，开证申请人一定要在申请开证前与银行进行充分的沟通，了解开证银行的要求，提前做好相应准备，并留意银行审批的时间和程序，以免发生开不出信用证或不能如期开立信用证的违约情况。

全额开证保证金方式是：银行对未实行综合授信方式的开证申请人，采用逐笔收取100%保证金的方式办理进口开证业务。具体操作中要求对开证保证金实行专户管理，每笔保证金应与信用证一一对应，专款专用，银行或申请人均不得挪作他用或提前支取。

申请人完成上述工作，经银行审查批准后，银行按开证申请书内容对外开出信用证。

（5）支付开证手续费。

进口商在申请开证时，要按规定支付一定金额的开证手续费，一般为开证金额的1.5‰。

2. 应注意问题

（1）若合同规定了开证日期，买方就必须在规定限期内开立信用证；若合同只规定最后装运期，那么买方应在合理的时间内开证，一般掌握在合同规定的交货期前一个月开到卖方。总之，要让卖方在收到信用证以后能在合同规定的装运期内装运货物。

（2）开证时要注意信用证内容应与合同一致，必须以对外签订的销售合同（包括修改后的销售合同）为开证依据，合同中规定要在信用证上明确的条款都必须列明。但要注意的是，根据《UCP600》第四条的规定：“a. 就其性质而言，信用证与可能作为其开立基础的销售合同或其他合同是相互独立的交易，即使信用证中含有对此类合同的任何援引，银行也与该合同无关，且不受其约束。b. 开证行应劝阻申请人试图将基础合同、形式发票等文件作为信用证组成部分的做法。”所以在信用证中不应使用“参阅第××号合同”或“第××号合同项下货物”等条款，也不应将有关合同作为信用证附件附在信用证后。

（3）如合同规定为远期付款时，要明确汇票期限，价格条款必须与相应的单据要求以及费用负担、表示方法相吻合。如 CIF 价格条件下，开证申请书应表明要求卖方提交“运费已付”的单据及保险单据，表明保险内容、保险范围及投保金额。

（4）由于银行是凭单付款，不管货物质量如何，也不受买卖合同的约束，所以为使货物质量符合合同规定，买方可在合同中并相应地在信用证中要求卖方提供商品检验机构出立的装船前检验证明，并明确规定货物的规格品质，指定检验机构。这样，交单时如发现检验结果与信用证规定不一致，可拒付货款。

（5）信用证内容必须明确无误，应明确规定各类单据的出单人（商业发票、保险单和运输单据除外），明确规定各单据应表述的内容。

（6）在信用证支付方式下，只要单据表面与信用证条款相符合，开证行就必须按规定付款。所以，进口商对卖方的要求，在申请开证时，应按合同有关规定转化成有关单据，具体规定在信用证中有说明。如信用证申请书中含有某些条件而未列明应提交与之相应的单据，银行将认为未列此条件，对此将不予理会。

（7）国外通知行由开证行指定，进口商不能指定，但如果出口商在订立合同时，坚持指定通知行，进口商可在开证申请书上注明，供开证行在选择通知行时参考。

（8）不准分批装运、不准中途转运、不接受第三者装运单据，均应在信用证中明确规定，否则，将被认为允许分批、允许转运、接受第三者装运单据。

（9）对我方开出的信用证，如对方（出口商）要求其他银行保兑或由通知行保兑，我方原则上不能同意（在订立买卖合同时，应说服国外出口人免除保兑要求，以免开证时被动）。

（10）我国银行一般不开可转让信用证（因为对第二受益人资信难以了解，特别是对跨地区和国家的转让更难掌握）。但在特殊情况下，如大额合同项下开证要求多家出口商交货，照顾实际需要可与银行协商开出可转让信用证。另外，我国银行一般也不开电报索偿条款（T/T reimbursement clause）的信用证。

（二）开证行审单和付款

信用证是开证行有条件的付款承诺，因此，其在决定付款之前要确定这个承诺付款的条件是否成立，即受益人通过议付行交来的单据是否符合信用证中的规定，是否符合《UCP600》与《ISBP》的相关规定。开证行必须在收到单据次日起至多 5 个工作日的合理时间内审核单据并作出付款或拒付的决定。

1. 正常单据的处理

正常单据指的是受益人通过指定银行提交的单据符合信用证条款且单单之间完全一致，即做到了“单证相符、单单相符”，开证行或付款行（如有）则须向受益人或议付行履行付款或承兑的承诺。

2. 不符单据的处理

（1）拒付。

根据《UCP600》第十六条的规定，开证银行及开证申请人的拒付必须做到：

① 在合理的时间内作出拒付通知。如果开证行决定拒绝接受单据，它必须不延误地以电讯方式，如不可能，则以其他快捷方式且不迟于自交单之翌日起第五个银行工作日结束前通知交单人；该通知应发给寄单银行，如直接从受益人处收到单据者，则应通知受益人。

② 该通知必须列明拒收单据的每一个不符点，即不符点应一次性地提出。

③ 该通知必须说明是否留存单据听候处理或将单据退还或按之前从交单人处获得的指示处理。

当开证行拒绝承付，并且按照以上要求发出了拒付通知后，有权要求返还已偿付的款项及利息。如开证行未能按照以上的要求行事时就无权宣称交单不符。

（2）放弃不符点，申请人付款赎单。

开证行的拒付是独立的。如开证行已确定单据表面与信用证条款不符，它可以自行决定联系申请人放弃不符点，但是，这样做并不能延长“从交单次日起至多五个银行工作日用以确定交单是否相符”的期限规定。因此，我国的开证行在接到国外交单行寄来的单据后，一般都是复印一份连同进口信用证来单通知书及来单确认书一并交给开证申请人，限其3天内作出答复，以便开证行有时间对外发出通知。

（三）开证申请人审单及付款赎单

银行审单是其对于受益人的权利，作为最终的赎单人，开证申请人对银行转交来的货物单据同样有权进行审核，确定其是否符合信用证要求，以决定是否接受。

开证申请人在收到开证行转来的进口信用证来单通知书及复印的单据后，应该对单据进行认真的审核，因为开证行的审单是表面的，单据上记载的货物是否跟合同一致，单据是否为伪造的，银行都不负责任，但这对开证申请人却是至关重要的，因此要认真审核把关。开证申请人的审单除上述银行审单时要注意的事项外，基于其对货物的关注，还可按照行业做法与商品特性来审查单据的真伪性，必要的时候根据提单通过委托代理人进行船情调查来确认货物装运的实际情况后再付款。开证申请人如果拒付货款，则应该在信用证来单确认书上明确表示拒绝接受，并列出不符点，并加盖全套财务专用章或其他约定印鉴，在银行限定的时间内返还给银行。对开证行指出的及自行审出的不符点，开证申请人应慎重对待，视不符点性质及各方面情况来确定接受或拒绝。若拒绝，同样要符合国际惯例的规定。

当开证申请人决定付款赎单时，其必须要填写“对外付款/承兑通知书”，附上进口合同、跟单信用证开证申请书、银行已受理的开证申请回执、进口付汇备案表（若需要）、进口许可证或登记表、进口证明（若需要），按即期或远期规定的付款日期在此之前委托开证银行购汇或现汇支付。

五、SWIFT 信用证样式

（一）SWIFT 简介

“SWIFT”是环球银行金融电讯协会（Society for Worldwide Inter-bank Financial Telecommunication）的简称，是一个国际银行同业间非赢利性的合作组织。该组织于 1973 年在比利时成立，总部设在比利时的布鲁塞尔，并在荷兰阿姆斯特丹和美国纽约设立与总部相互连接的大型电脑操作中心，在各会员银行所在的国家和地区设有与操作中心相连的处理站。会员银行通过专用电脑设备与处理站和操作中心的电脑、数传通信设备连通，构成全球性通信网，开展电讯国际银行业务。目前全球大多数国家的大多数银行已使用 SWIFT 系统。

凡利用 SWIFT 系统设计的特殊格式（Format），通过 SWIFT 系统传递的信用证的信息，即通过 SWIFT 开立或通知的信用证称为 SWIFT 信用证，也有的称为“环银电协信用证”。

中国银行在 1983 年 2 月正式加入环球银行金融电讯协会成为会员银行，1984 年开始使用该协会的通信系统办理国际业务，1985 年中国银行总行建立了 SWIFT 中国地区处理站。

（二）SWIFT 的特点

（1）采用会员制度：使用 SWIFT 系统的银行必须加入环球银行金融电讯协会，成为会员后方可使用 SWIFT 系统。

（2）格式标准化：对于 SWIFT 电文，SWIFT 有统一的要求和格式。使用 SWIFT 信用证，必须遵守 SWIFT 使用手册的规定，使用 SWIFT 手册规定的代码（Tag）。

（3）安全性高：与信开信用证比较，SWIFT 是全证加密，而信开信用证只对重要的内容（如金额）处加密押；与电传比较，SWIFT 系统的密押比电传的密押可靠性强、保密性高。

（4）解释统一：采用 SWIFT 信用证，信用证必须按国际商会制定的《UCP600》规定处理，因此，在 SWIFT 信用证中可以省去按《UCP600》处理的声明。

（5）费用较低：与电传、电报比较，同样多的内容，SWIFT 的费用是电传的 18% 左右，是电报的 2.5% 左右。

（6）系统服务范围广：SWIFT 系统服务范围很广，凡会员银行所处理的有关国际银行业务的电讯均可使用该系统。主要业务包括外汇买卖、证券交易、开立信用证、办理信用证项下的汇票业务等，同时还兼理国际账务清算和银行间的资金调拨。

（7）处理业务快捷：SWIFT 系统电讯的线路速度为普通电传的 48 ~ 192 倍，在正常情况下，每笔交易从发出电讯到收到对方确认只需 1 ~ 2 分钟。会员间还可以利用 SWIFT 系统的存储功能，随时从该系统索取所需要的电讯往来记录。

（8）自动功能强大：SWIFT 系统具有自动收发储存信息、自动加押和核押、自动将文件分类等自动功能，可每周 7 天 24 小时连续不停地运转。

（三）SWIFT 电文代码（MT700 格式）（见表 4－6）

表 4－6　MT700 电文代码

M/O 必填/可选	Tag 代号	Field Name 栏位名称	Content/Options 内容
M	27	Sequence of Total 合计次序	1n/1n 1个数字/1个数字
M	40A	Form of Documentary Credit 跟单信用证类别	24x 24个字
M	20	Documentary Credit Number 信用证号码	16x 16个字
O	23	Reference to Pre-Advise 预通知的编号	16x 16个字
O	31C	Date of Issue 开证日期	6n 6个数字
M	31D	Date and Place of Expiry 到期日和地点	6n/29x 6个数字/29个字
O	51A	Aplicant Bank 申请人的银行	A or D A 或 D
M	50	Aplicant 开证申请人	4 * 35x 4行 X 35个字
M	59	Beneficiary 受益人	[/34x]4*35x [/34个字] 4行 X 35个字
M	32B	Currency Code, Amount 币别代号、金额	3a 15 number 3个字母，15个数字
O	39A	Percentage Credit Amount Tolerance 信用证金额加减百分比	2n/2n 2个数字/2个数字
O	39B	Maximum Credit Amount 最高信用证金额	13x 13个字
O	39C	Additional Amounts Covered 可附加金额	4 * 35x 4行 X 35个字
M	41A	Available with…by… 向……银行押汇，押汇方式为……	A or D A 或 D
O	42A	Drawee 付款人	3 * 35x 3行 X 35个字
O	42C	Drafts at… 汇票期限	A or D A 或 D
O	42M	Mixed Payment Details 混合付款指示	4 * 35x 4行 X 35个字
O	42P	Deferred Payment Details 延期付款指示	4 * 35x 4行 X 35个字
O	43P	Partial Shipments 分批装运	1 * 35x 1行 X 35个字
O	43T	Transshipment 转运	1 * 35x 1行 X 35个字
O	44A	Loading on Board/Dispatch/Taking in Charge at/From 由……（地点）装运/发运/接管	1 * 65x 1行 X 65个字

（续上表）

M/O 必填/可选	Tag 代号	Field Name 栏位名称	Content/Options 内容
O	44B	For Transportation to 装运至	1 * 65x 1行 X 65个字
O	44C	Latest Date of Shipment 最迟装运日	6n 6个数字
O	44D	Shipment Period 装运期间	6 * 65x 6行 X 65个字
O	45A	Description of Goods and/or Services 货物与/或劳务描述	50 * 65x 50行 X 65个字
O	46A	Documents Required 应具备单据	50 * 65x 50行 X 65个字
O	47A	Additional Conditions 附加条件	50 * 65x 50行 X 65个字
O	48	Period for Presentation 提示期间	4 * 35x 4行 X 35个字
M	49	Confirmation Instructions 保兑提示	7x 7个字
O	53A	Reimbursement Bank 偿付行	A or D A 或 D
O	57A	"Advise Through" Bank 收讯银行以外的通知银行	A, B or D A、B 或 D
O	71B	Charges 费用	6 * 35x 6行 X 35个字
O	72	Sender to Receiver Information 银行间的通知	6 * 35x 6行 X 35个字
O	78	Instructions to the Paying/Accepting/Negotiation Bank 对付款/承兑/议付行之指示	12 * 65x 12行 X 65个字

（四）MT700 格式信用证样式

2/A

06AUG17 18:14:43 Logical Terminal >C9R
MT S700 Issue of a Documentary Credit Page 00001
Func CNSATLPO
MSGACK DWS765I Auth OK, key B10512185361AA04, IRVT**** HBZUAEAD record

Basic Header	F 01 IRVTCNSHAXXX 0624 335191		
Application Header	O 700 1915 060817 HBZUAEADAXXX 2572 542494 060817 2315 N *HABIB BANK AG ZURICH *DUBAI		
User Header	Service Code	103:	
	Bank. Priority	113:	
	Msg User Ref.	108:	
	Info. from CI	115:	
Sequence of Total	*27	:	1 / 1
Form of Doc. Credit	*40 A	:	IRREVOCABLE
Doc. Credit Number	*20	:	DER260635
Date of Issue	31 C	:	060817
Expiry	*31 D	:	Date 061030 Place China
Applicant	*50	:	HAROON CO.W.L.L.FOR MARKETING ENGINEERING MATERIALS LTD, PO BOX 6747, SHARJAH, U.A.E. Phone 065337338 or 065335883 Fax
Beneficiary	*59	:	GUANGDONG MACHINERY IMPORT AND EXPORT CO. LTD., 726, DONGFENG ROAD EAST, GUANGZHOU, CHINA
Amount	*32 B	:	Currency USD Amount 37.140,60
Available with/by	*41 D	:	ANY BANK BY NEGOTIATION
Drafts at ...	42 C	:	AT SIGHT
Drawee	42 A	:	HBZUAEADXXX *HABIB BANK AG ZURICH *DUBAI
Partial Shipments	43 P	:	NOT ALLOWED
Transshipment	43 T	:	ALLOWED
Loading in Charge	44 A	:	China
For Transport to ...	44 B	:	Dubai,United Arab Emirates
Latest Date of Ship.	44 C	:	061009
Descript. of Goods	45 A	:	LEVER HANDLE AND LEVER - ACTION FLUSH BOLT . ALL OTHER AS PER BENEFICIARYS PROFORMA INVOICE NO. HF 60809 DATED AUGUST 09, 2006.
Documents required	46 A	:	

(This is page 1 of 1 pages)
This telex/cable ... authenticated by us is the ... advised without ...
Authorized Signature(s)
Date 18 AUG 2006

1. 5 Signed invoices in the name of applicant certifying merchandise to be of China origin.
2. 4 packing list/weight list.
3. Certificate of origin issued by China Council for Promotion of International Trade.
4. Full set of clean Shipped on Board ocean bill of lading drawn or endorsed to the order of Habib Bank AG Zurich, showing beneficiary as shipper, marked notify applicant and issuing bank, bearing our credit number, showing freight PREPAID. Name, address and telephone numbers of shipping agent at destination must also appear on bill of lading.
5. Insurance covered by applicant. All shipment under this credit must be advised by beneficiary within 5 working days from shipment date directly by fax or post or courier to M/S Arab Orient Insurance Co. PSC P.O. Box 6654, Sharjah, UAE and to the applicant referring to open policy or cover no 06-401-139-04-1 giving full detail of shipment. A copy of each of above advices and the postal registration receipts or fax transmission report or courier receipt to accompany the original set of documents.
6. Production sample of each item must be sent to the Applicant prior to the shipment Fax copy of Certificate of Approval of

（续上页）

```
06AUG17  18:14:44                                     Logical Terminal >C9R
MT S700                 Issue of a Documentary Credit            Page 00002
                                                              Func CNSATLPO
                production samples requiredagainst P.O. No. 237/2006 from
                Applicant.
                7. Shipment to be effected by Regular line only. A  certificate
                to this effect  required  from the shipping company or
                theiragents.
Additional Cond.     47 A :
                1. Third party documents are not acceptable.
                2. Shipping Mark . AS PER B/L.
                3. Short Form/Blank Back/Claused/Stale Bill Of Lading/Airway Bill
                not acceptable.
                4. Documents issued or dated prior to this Documentary Credit
                issuance date not acceptable.
                5. Freight Forwarder, House, Chartered Party Bill Of Lading Not
                Acceptable.
                6. All documents to be made in English language.
                7. Incoterm . COST AND FREIGHT United Arab Emirates
                8. If discrepant documents presented USD 100.0 or equivalent will
                be deducted from proceeds.
                9. All  Materials to be Packed in Devon Printed Boxes in Blue
                Colour  No. 281C from Pantone The Boxes should be of Strong
                Construction and well glued sothat they do not come apart during
                transporation and should be as per new design.
                10. Other than Devon stamping and boxes, all the materials and it
                spacking mustbe completely neutral and must not have any brand
                name or counry of origin written on it.
                11. Devon shall be imprinted on the neck of the lever handle
                by laser printing.
                12. During Production and before shipment, the materials must
                undergo strict quality control, in order to avoid any quality
                related problem.
                13. Billoflading must certify that All Load Port Charges
                Paid.
                14. Certificateof Originand Invoice must be attested by U.A.E.
                Embassy or Consulate.
                15. If invoiceand certificate of orgin are not attestedby United
                Arab Emirates  Embassy/Consulate,then first  Invoice to show a
                deductionof  USD 299.00. Negotiatingbankmustclaimreimbursement
                less this deduction from the  reimbursing bank. Insuchcasenon
                attestedinvoice and certificate of orginare  acceptable for
                negotiation.
                16. One set of non negotiable documents must be sent to the
                Applicant on Fax No.9716  5331819immediately  after shipment.
                17. Packing-  To  Ensure that the items are properlypacked in
                seaworthy packing so that the pieces do not get damaged due to
                overstuffingof cargo. To ensure that proper warning signs on the
                packing are printed/stenciled on the packages declaring the
                nature of the items and loading instructions for the forwarders
                to understand, so that the Freight Forwarder/Carrier avoids
                damage to the items due to improper stuffing in the container.
                18. If ShipmentInContainer, Bill Of Lading to show  Container
                Number and  Seal Number.
                19. Notwithstanding the provisionsof UCP 500, If we give notice
                of refusal of documentspresented under this credit, we shall
                however,retain theright to accept a waiverofdiscrepancies from
                the applicant and subject to such a waiver being acceptabletous,
                torelease thedocuments against that waiverwithout reference to
                the presenter,provided that no written instructions tothecontrary
                have been receivedby us,from thepresenter before the releaseof
                thedocuments. Any suchreleasepriorto receipt ofcontrary
                instructions shall notconstitute a failureon our part tohold
                thedocuments at the presenters risk anddisposal, and we will have
```

（续上页）

```
06AUG17  18:14:44                                        4/A
                                                 Logical Terminal >C9R
MT S700              Issue of a Documentary Credit       Page 00003
                                                         Func CNSATLPO
          noliability tothepresenter in respectof anysuch release
Details of Charges    71 B : ALL BANK CHARGES RECORDING FEE AND
                             COMMISSION OUTSIDE UNITED ARAB
                             EMIRATES INCLUDING REIMBURSEMENT
                             CHARGES ARE FOR BENEFICIARY'S
                             ACCOUNT.
Presentation Period   48   : DOCUMENTS TO BE PRESENTED WITHIN 21
                             DAYS AFTER THE DATE OF ISSUANCE OF
                             THE SHIPPING DOCUMENT(S) BUT
                             WITHIN THE VALIDITY OF THE CREDIT.
Confirmation         *49   : WITHOUT
Instructions          78   :
         1. The amount of each negotiation must be endorsed on the reverse
         of this credit and negotiating bank must certify the same on the
         covering schedule.
         2. Negotiation under reserve strictly not allowed.
         3. If this LC is negotiated by a bank other than the advising
         bank the negotiating bank is to certify on covering schedule that
         advising bank charges are paid.
         4. Bank of New York (The), Shanghai Branch holds special
         instructions regarding the disposal of documents and
         reimbursement under this Letter of Credit.
         5. This Documentary Credit issued is subject to UCP500.
"Advise Through"      57 A : BKCHCNBJ400
                             *BANK OF CHINA GUANGDONG BRANCH
                             *GUANGZHOU
Trailer                    : MAC:1F858B75
                             CHK:2C08BC31E9C6
```

第五章
国际结算单据

第一节　国际结算单据概述

一、国际结算单据的含义与作用

（一）国际结算单据的含义

国际结算单据是指在国际货物贸易中买卖双方办理货物的交付和货款的支付的一种书面凭证，主要指金融单据和（或）商业单据。金融单据包括汇票、支票、本票或其他类似用以取得款项的凭证，其中汇票是用得最为广泛的一种金融单据。商业单据则包括商业发票、运输单据、保险单据、产地证书、商检证书、装箱单、重量单等非金融单据。

在国内贸易中，买卖合同的履行，一般是通过商品和货币的交换来实现。但在进出口贸易中，由于买卖双方分处不同国家，在绝大多数情况下，商品和货币不能进行简单的交换，而只能以单据作为交换的媒介和手段。正如国际贸易专家施米托夫在《出口贸易》一书中所述："从商业观点来看，可以说 CIF 合同的目的不是货物本身，而是与货物有关的单据的买卖。"

《跟单信用证统一惯例》（国际商会第 600 号出版物）第五条也明确规定："在信用证业务中，各有关方面当事人处理的是单据而不是有关的货物、服务或其他行为。"所以在国际交易中买卖的虽然是货物，但在进行国际结算时，单据是货物买卖的基础和依据。

（二）国际结算单据的作用

（1）出口方履行合同的证明。

（2）交易货物的代表。

（3）贸易结算的凭证。

（4）融资的手段。

（5）货物单据化是银行参与国际结算的前提条件。

二、合格单据的基本要求

货物在出口装运之后，出口商应该按照合同或信用证的要求，正确缮制各种单据，并在合同或信用证规定的期限内交予买方或开证行要求付款，从而完成交易。出口商制作的结汇单据的质量的好坏，直接关系到出口商能否安全、快速地收回货款，也体现了出口商的业务素质和管理水平。所以，结汇单据的制作，不仅要符合合同（或信用证）的规定，还要符合相关国际贸易惯例和规则，并与之相适应。

1. 正确

在制单工作的各项要求中，正确是最重要的一条。

正确是单证工作的前提和核心，单证不正确就不能安全结汇，尤其是买卖双方采用信用证支付方式时。在信用证方式下，只要卖方将规定的单据提交给指定银行或开证行，并且构成相符交单，开证行就必须履行付款责任；为了维护自身利益，开证行按严格相符原则审核单据，如发现单据与信用证规定不符，或单据与单据之间不符，开证行无须征求买方意见就可直接拒绝付款。在跟单托收或汇款业务中，虽然银行对单证没有审核责任，但如果单证与买卖合同规定不符，进口商也会拒绝付款或延迟付款。

这里所说的正确，至少包括两个方面的内容：一方面是要求各种单据必须做到“两个相符”，即单据与信用证相符（或单据与贸易合同相符）、单据与单据相符；另一方面，则要求各种单据必须符合相关国际贸易惯例和规定（如《UCP600》、《URC522》等）。

（1）关于各种单据要做到“两个相符”。

在信用证方式下，单据必须严格做到“单证相符、单单相符”，否则开证行有权予以拒付；在汇付和托收方式下，虽然单证的正确性不如信用证业务那样严格，但出口商制单时也应该做到“单同相符、单单相符”，以免被进口商找到借口，拒付货款或延付货款。而从外贸出口企业来说，除满足以上“两个相符”以外，还有一个“单货相符”需要严格控制，这样所交单据才能真实代表出运货物，不致错发错运。

（2）关于所交单据必须符合相关国际贸易惯例和相关国家的规定。

在信用证方式下，开证行除依照信用证审核所提交单据外，还必须依照《UCP600》及《关于审核跟单信用证项下单据的国际标准银行实务》（目前最新版本是2007年修订的《ISBP681》）；在跟单托收方式下，《托收统一规则》（1995年修订本，国际商会第522号出版物，简称《URC522》）自公布实施以来，已为许多国家的银行采纳和使用。

此外，在缮制单据时，还应注意进口国对单据或进口货物有无特殊规定，如墨西哥要求发票要由领事签证，若出口国无墨西哥领事，可由贸促会代签，并注明“此地无墨西哥领事”。如果制作单据时疏忽了进口国家的这些规定，就很有可能遭到进口国当局的拒绝。

2. 完整

完整，一方面是指按合同或信用证的要求提交成套单据。出口商在通过银行议付或托收时，所提交的一般都是成套的而不是单一的单据。例如，在CIF交易中，卖方向买方提供的单证至少应包括发票、提单和保险单。而在以信用证为支付方式的情况下，进口商作为开证申请人通常在信用证中详细规定了应提交单据的名称、内容、份数、签发人等内容，出口商只有按照要求备齐所有单据，银行才能履行议付、付款或承兑的责任。目前国外有些地区开来的信用证所列条款非常繁杂，除发票、提单、保险单等主要单据外，还要求随附各种证明，如检验证书、重量单、装箱单、产地证、邮政收据等。其中有些单据（如检验证书、产地证明等）需要经过一定手续和事先申请才能取得，出口商必须及时催办，防止遗漏和误期，以保证全套单证的完整无缺。

另一方面是指要求每一种单据的填写内容必须完整。进口商所提交的所有单据都有其特定的用途，如商业发票和装箱单通常是进口商在向其所在国海关进口报关时所必须提交的单据，虽然没有统一规定的格式和填写内容，出口商制作的时候也必须满足其功能需要。而提单、保单、产地证明等都是由签发机构提供的格式单据，出口商在交单前必须仔细审核，检查表格项目是否漏填、签章是否齐全等。尤其是在信用证支付方式下，前文所提及的《UCP600》和《ISBP681》对发票、汇票、运输单据的填写都有详细的规定，出口商在制作单据时必须予以参照。

此外，完整还要求出口商所提供的各种单据的份数要按合同或信用证规定如数提交，不能短缺。

3. 及时

及时，一方面是指各种单据出单要及时。出口商所提供的整套单据中只有发票、装箱单等部分单据是由出口公司自己制作的，其他单据由相应部门和机构提供，如提单、产地证等。及时出单不仅要求出口商在规定时间内完成自身的单据制作工作，还要求出口商及时到相应部门和机构申请并取得相关单据（如商检证明等）。此外，还要注意单据之间出具时间先后的逻辑关系要适当、合理，如保险单的出单日期必须早于提单的装船日期（最迟是与装船日同一天）。

另一方面是指要及时办理议付或结汇手续。在汇付和托收方式下，虽然通常没有具体的交单时间要求，但出口商在备齐所要求的单据后应该将单据交予进口商，以利于尽早收汇。而在信用证方式下，受益人（通常就是出口商）更是要在信用证规定的交单期（如无规定交单时间，根据《UCP600》的有关规定，受益人应在装运日后21天内提交）和有效期内向银行提交单据，过期交单将会遭到银行拒付。

4. 简明

国际贸易中使用的单据在实务中并无广泛为各国所接受并使用的标准化格式，但世界各国都在研究贸易程序并努力简化单证制作工作，以提高单证质量，从而提高效率和效益，所以单据内容在满足合同或信用证的要求，并且符合有关国际贸易惯例的规定的基础上，应该力求简明、避免烦琐。

5. 整洁

单据整洁是对单据的外观质量的要求，其在一定程度上反映了一个国家的外贸企业和从业人员的业务素质和业务能力。

所谓整洁，主要是指单证的表面是否清洁、布局是否美观，单据中的各项内容是否清晰、易于辨认及各项内容的记载是否简洁、明了。单据是否整洁，不但反映了制单人的工作态度和熟练程度，还会直接影响出口企业能否及时收汇。

第二节　信用证

一、常用信用证

根据信用证开立的方式，信用证可分为信开信用证和电开信用证。

信开信用证（Mail Credit）是开证行用书信方式开立，并通过航空邮寄送达通知行的信用证。目前，这种开证方式已较少使用。

电开信用证（Teletransmission Credit）是使用电讯方式开立和通知的信用证，包括电报、电传等，目前采用通过 SWIFT 系统开证的居多。通过 SWIFT 开立信用证速度快、成本低、保密性强，因此为贸易企业所广泛接受。

二、SWIWT 信用证的一般内容

下面以第四章的信用证样证为例介绍 SWIFT 信用证 MT700 格式的一般内容。

（一）信头

```
(2)06AUG17 18：14：43            (1)                          Logical Terminal>C9R
(3)MT S700             Issue of a Documentary Credit                (4)Page 00001
                                                                  Func CNSATLPO
```

（1）此处显示的是信用证的种类：跟单信用证。

（2）此处显示的是 SWIFT 系统发出信用证的时间：2006 年 8 月 17 日 18 时 14 分 43 秒。

（3）此处显示的是信用证使用的格式：MT700。

（4）此处显示的是 SWIFT 电文的页码：第一页。

（二）银行密押及开证行代码、名称

```
(1)MSGACK  DWS765I Auth OK, key B10512185361AA04, IRVT**** HBZUAEAD record
   Basic Header         F  01 IRVTCNSHAXXX 0624 335191
(2)Application Header   0 700 1915 060817 HBZUAEADAXXX 2572 542494 060817 2315 N
                                          *HABIB BANK AG ZURICH
(3)                                       *DUBAI
   User Header          Service Code    103:
                        Bank. Priority  113:
                        Msg User Ref.   108:
                        Info. from CI   115:
```

（1）此处显示的是银行之间互对的密押。

（2）此处显示的是开证行的 SWIFT 代码（SWIFT CODE），凡环球银行金融电讯协会的成员银行都有自己特定的 SWIFT 代码。

（3）此处显示的是开证行的名称。

（三）信用证自身的说明

```
(1) Sequence of Total    *27   : 1 / 1
(2) Form of Doc. Credit  *40 A : IRREVOCABLE
(3) Doc. Credit Number   *20   : DER260635
(4) Date of Issue         31 C : 060817
(5) Expiry               *31 D : Date 061030 Place China
```

（1）此处显示的是信用证电文页次：1/1 表示此电文只有一页；如显示为 1/2，则表示信用证电文共有 2 页，现为第一页。

（2）此处显示的是信用证的性质：不可撤销信用证。

（3）此处显示的是信用证号码。

（4）此处显示的是信用证的开证日期：2006 年 8 月 17 日，在 SWIFT 格式中日期的表达顺序是“年月日”，共 6 位阿拉伯数字。

（5）此处显示的是信用证的有效期和到期地点：有效期为 2006 年 10 月 30 日，到期地点在中国。信用证的到期地点也可是开证行所在地，这时受益人要留出足够时间以在有效期内将单据寄送开证行，绝不能等到最后一天才到自己所在地银行办理交单议付。

（四）信用证的关系人、金额及付款时间

```
(1) Applicant              *50   : HAROON CO.W.L.L.FOR MARKETING
                                   ENGINEERING MATERIALS LTD, PO BOX
                                   6747, SHARJAH, U.A.E. Phone
                                   065337338 or 065335883 Fax
(2) Beneficiary            *59   : GUANGDONG MACHINERY IMPORT AND
                                   EXPORT CO. LTD., 726, DONGFENG ROAD
                                   EAST, GUANGZHOU, CHINA
(3) Amount                 *32 B :        Currency USD Amount 37.140,60
(4) Available with/by      *41 D : ANY BANK
                                   BY NEGOTIATION
(5) Drafts at ...           42 C : AT SIGHT
(6) Drawee                  42 A : HBZUAEADXXX
                                   *HABIB BANK AG ZURICH
                                   *DUBAI

(7) Confirmation           *49   : WITHOUT
(8) "Advise Through"        57 A : BKCHCNBJ400
                                   *BANK OF CHINA GUANGDONG BRANCH
                                   *GUANGZHOU
```

（1）此处显示的是开证申请人的名称和地址。

（2）此处显示的是受益人的名称和地址。

（3）此处显示的是信用证的币种和金额。

（4）此处显示的是信用证的使用范围及信用证的兑用方式：“Available with/by any bank”表示此证中的单据可以提交到任何银行，“by negotiation”表示该证可以议付的方式进行兑用（参照第四章第四节“信用证业务的种类”）。

（5）此处显示的是汇票的付款期限：见票即付。

（6）此处显示的是付款行的名称和地址。

（7）此处显示是否保兑：非保兑（此条款原在本证第三页）。

（8）此处显示的是通知行的名称和地址（此条款原在本证第三页）。

（五）装运条款

```
(1) Partial Shipments      43 P : NOT ALLOWED
(2) Transshipment          43 T : ALLOWED
(3) Loading in Charge      44 A :
                 China
(4) For Transport to ...   44 B :
                 Dubai,United Arab Emirates
(5) Latest Date of Ship.   44 C : 061009

                                   Authorized Signature(s)
                                   Date:
                                                18 AUG 2006
```

（1）此处显示是否允许分批装运：不允许。

（2）此处显示是否允许转船：允许。

（3）此处显示的是转运港：中国口岸。

（4）此处显示的是目的港：迪拜，阿拉伯联合酋长国。

（5）此处显示的是最初装运期：2006 年 10 月 9 日。

（六）货物描述

```
Descript. of Goods    45 A :
                  (1)
        LEVER HANDLE AND LEVER - ACTION FLUSH BOLT . ALL OTHER AS PER
        BENEFICIARYS PROFORMA INVOICE NO. HF 60809 DATED AUGUST 09, 2006.
                              (2)                     (3)
```

（1）此处显示的是货物的名称。

（2）此处显示的是形式发票号码：HF 60809。

（3）此处显示的形式发票日期：2006 年 8 月 9 日。

（七）单据条款

```
Documents required    46 A :
        1. 5 Signed invoices in the name of applicant certifying
        merchandise to be of China origin.
        2. 4 packing list/weight list.
        3. Certificate of origin issued by China Council for Promotion of
        International Trade.
        4. Full set of clean Shipped on Board ocean bill of lading
        drawn or endorsed to the order of Habib Bank AG Zurich, showing
        beneficiary as shipper, marked notify applicant and issuing bank,
        bearing our credit number, showing freight PREPAID. Name,
        address and telephone numbers of shipping agent at destination
        must also appear on bill of lading.
        5. Insurance covered by applicant. All shipment under this credit
        must be advised by beneficiary within 5 working days from
        shipment date directly by fax or post or courier to M/S Arab
        Orient Insurance Co. PSC   P.O. Box 6654, Sharjah, UAE and to
        the applicant referring to open policy or cover no
        06-401-139-04-1 giving full detail of shipment. A copy of each of
        above advices and the postal registration receipts or fax
        transmission report or courier receipt to accompany the original
        set of documents.
        6. Production sample of each item  must be sent to the Applicant
        prior to the shipment   Fax copy of Certificate of Approval of
        production samples requiredagainst P.O. No. 237/2006 from
        Applicant.
        7. Shipment to be effected by Regular line only. A  certificate
        to this effect  required  from the shipping company or
        theiragents.
```

（1）要求提交 5 份已签署的商业发票。

（2）要求 4 份装箱单/重量单。

（3）要求提交由中国国际贸易促进委员会签发的原产地证明书。

（4）要求提交全套清洁已装船海运提单。

（5）要求提交装运通知副本及邮政收据、传真报告或快递收据（由买方办理保险，受益人应在装运日后五个工作日内以传真、邮寄或快递方式直接向保险公司发出装运通知）。

（6）要求提交船公司（或船务代理）证明以证明货物由班轮装载。

（八）附加条款

```
Additional Cond.      47 A :
          1. Third party documents are not acceptable.
          2. Shipping Mark . AS PER B/L.
          3. Short Form/Blank Back/Claused/Stale Bill Of Lading/Airway Bill
          not acceptable.
          4. Documents issued or dated prior to this Documentary Credit
          issuance date not acceptable.
          5. Freight Forwarder, House, Chartered Party Bill Of Lading Not
          Acceptable.
          6. All documents to be made in English language.
```

由于本证的附加条款有 19 条之多，本文就不详加解释了，只是抽取部分条款加以说明。

附加条款，通常是对受益人的补充要求，有的需要在相关单据上显示出来，如第六条要求单据必须用英文制作，有的则是非单据化要求，如第一条显示银行不接受第三方单据。受益人在制作单据时须仔细研读这些附加条款，才能做到“单证相符、单单相符”。

（九）其他条款

```
(1) Details of Charges     71 B : ALL BANK CHARGES RECORDING FEE AND
                                   COMMISSION OUTSIDE UNITED ARAB
                                   EMIRATES INCLUDING REIMBURSEMENT
                                   CHARGES ARE FOR BENEFICIARY'S
                                   ACCOUNT.
(2) Presentation Period    48   : DOCUMENTS TO BE PRESENTED WITHIN 21
                                   DAYS AFTER THE DATE OF ISSUANCE OF
                                   THE SHIPPING DOCUMENT(S) BUT
                                   WITHIN THE VALIDITY OF THE CREDIT.
    Confirmation          *49   : WITHOUT
(3) Instructions           78   :
                          1. The amount of each negotiation must be endorsed on the reverse
                          of this credit and negotiating bank must certify the same on the
                          covering schedule.
                          2. Negotiation under reserve strictly not allowed.
                          3. If this LC is negotiated by a bank other than the advising
                          bank the negotiating bank is to certify on covering schedule that
                          advising bank charges are paid.
                          4. Bank of New York (The), Shanghai Branch holds special
                          instructions regarding the disposal of documents and
                          reimbursement under this Letter of Credit.
(4) ────────────────────► 5. This Documentary Credit issued is subject to UCP500.
```

（1）费用条款：表明由受益人承担的费用。如缺失此项内容，则表明除了议付费用、转让费用外，其他费用均由开证申请人承担。

（2）交单期限：此项期限应与信用证的有效期限和到期地点结合起来考虑，如没有此项规定，根据《UCP600》的规定，应为提单日后 21 天且在信用证的有效期内提交。

（3）开证行指示：此处显示的是开证行对付款行、承兑行或议付行的指示。

（4）开证依据：此跟单信用证根据《UCP500》出具。根据有关规定，采用 SWIFT 系统开立的信用证必须按照国际商会制定的《UCP500》（目前是《UCP600》）处理相关事宜，即使信用证中没有表明这一点。

第三节　主要的国际结算单据

本节内容介绍在国际结算中所涉及的主要单据，由于在信用证支付方式下对单据的要求是最为严格和详细的，银行对单据的审核也是非常严格的，下文就以虚构的销售合同及信用证为例，并按照信用证单据条款（46A）的要求缮制了相关的议付单据，以此说明相关单据的填写内容。

销售合同范例：

广东纺织品进出口公司

GUANGDONG TEXTILES IMP. AND EXP. CORPORATION

27 DEZHENG ROAD,GUANGZHOUCHINA

销 售 合 同

SALES CONTRACT

TEL: 020-85656562 Contract No.: SHT107

FAX: 020-85656563 Date: JAN. 5, 2006

TO MESSRE:

SAKATACHI CORPORATION,

OSACY SECTION, OSAKA, JAPAN

We hereby agree to sell and the buyers agree to buy the commodity/ies mentioned in this contract subject to the terms and conditions stipulated as follows:

NAME OF COMMODITY & SPECIFICATION, PACKING AND SHIPPING MARKS	QUANTITY (PCS)	UNIT PRICE (PER PIECE)	AMOUNT
100% PURE COTTON TOWEL		CIF OSAKA	
ART. NO. F2388(0427)	3,000	US$ 1.00	US$3,000.00
ART. NO. T4939(0428)	3,000	US$ 1.00	US$3,000.00
ART. NO. K5306(0429)	2,000	US$ 1.25	US$2,500.00
REMARKS: 1) EACH IN ONE PLASTIC BAG, 10 BAGS TO A CARTON, TOTAL: 800 CARTONS 2) SHIPPING MARK: ITOCHU OSAKA NO. 1-800		TOTAL:	US$8,500.00
TOTAL VALUE: SAY US DOLLARS EIGHT THOUSAND FIVE HUNDRED ONLY.			

TIME OF SHIPMENT: Within 45 days of receipt of letter of credit and not later than the end of May 2006 with partial shipments and transshipment allowed.

PORT OF LOADING: GUANGZHOU, CHINA

PORT OF DESTINATION: OSAKA, JAPAN

TERMS OF PAYMENT: By 100% irrevocable sight letter of credit opened by the buyer to reach the seller not later than April 15, 2006 and to be available for negotiation in China until the 15TH day after the date of shipment. In case of late arrival of the L/C, the seller shall not be liable for any delay in shipment and shall have the right to rescind the contract and/or claim for damages.

Page 1 of 2

（续上页）

TERMS OF SHIPMENT: To be governed by "INCOTERMS 2000". For transactions concluded on CFR or CIF terms, all surcharges including port congestion surcharges, etc. levied by the shipping company, in addition to freight, shall be for the buyer's account.

INSURANCE: To be effected by the seller for 110% of the CIF invoice value covering the Institute Cargo Clauses (A), The Institute War Clauses as per Institute Cargo Clause.

GENERAL TERMS:

1. Reasonable tolerance in quality, weight, measurements, designs and colors is allowed, for which no claims will be entertained.

2. The buyers are to assume full responsibilities for any consequences arising from:

(a) The use of packing, designs or pattern made of order;

(b) Late submission of specifications or any other details necessary for the execution of this sales confirmation;

(c) Late establishment of L/C;

(d) Late amend to L/C inconsistent with the previsions of this sales confirmation.

FORCE MAJEURE: the seller shall not be held liable for failure of delay for failure of delay in delivery of the entire lot or a portion of the goods under this sales contract in consequence of any Force Majeure incidents.

The buyer is requested always to sign and return one copy of the sales contract immediately after the receipt of same. Objection, if any, should be raised by the buyer within five days after the receipt of this sales contract, in the absence of which it is understood that the buyer has accepted the terms and conditions of the sales contract.

Confirmed by The Buyer	The Seller
SAKATACHI CORPORATION	GUANGDONG TEXTILES IMP. AND EXP. CORPORATION
大谷文明	

Page 2 of 2

信用证范例：买方根据合同要求在规定时间内将信用证开到卖方。

ISSUE OF A DOCUMENTARY CREDIT

ISSUING BANK		: ASAHI BANK LTD, TOKYO
SEQUENCE OF TOTAL	27	: 1/1
FORM OF DOC. CREDIT	40A	: IRREVOCABLE
DOC. CREDIT NUMBER	20	: ABL-AN107
DATE OF ISSUE	31C	: 060405
EXPIRY	31D	: DATE 060615 PLACE CHINA
APPLICANT	50	: SAKATACHI CORPORATION, OSACY SECTION, OSAKA, JAPAN.
BENEFICIARY	59	: GUANGDONG TEXTILES IMP. AND EXP. CORPORATION. 27 DEZHENG ROAD, GUANGZHOU, CHINA
AMOUNT	32B	: USD8,500.00 (SAY US DOLLARS EIGHT THOUSAND FIVE HUNDRED ONLY.)
AVAILABLE WITH/BY	41A	: ANY BANK BY NEGOTIATION
DRAFTS AT...	42C	: DRAFTS AT SIGHT FOR FULL INVOICE VALUE
DRAWEE	42A	: ASAHI BANK LTD, TOKYO
PARTIAL SHIPMENTS	43P	: ALLOWED
TRANSSHIPMENT	43T	: ALLOWED
LOADING IN CHARGE	44A	: GUANGZHOU, CHINA
FOR TRANSPORT TO...	44B	: OSAKA, JAPAN
LATEST DATE OF SHIP.	44C	: 060531
DESCRIPT. OF GOODS	45A	: 100% PURE COTTON TOWEL AS PER S/C NO. SHT107

ART NO.	QUANTITY	UNIT PRICE
F2388 (0427)	3,000 PIECES	USD1.00
T4939 (0428)	3,000 PIECES	USD1.00
K5306 (0429)	2,000 PIECES	USD1.25

PRICE TERM: CIF OSAKA

DOCUMENTS REQUIRED: 46A

1) ORIGINAL SIGNED COMMERCIAL INVOICE IN 5 FOLD

2) 3/3 SET OF ORIGINAL CLEAN ON BOARD OCEAN BILLS OF LADING MADE OUT TO ORDER OF SHIPPER AND BLANK ENDORSED AND MARKED "FREIGHT PREPAID", NOTIFY APPLICANT (WITH FULL NAME AND ADDRESS)

3) INSURANCE POLICY OR CERTIFICATE IN TWO FOLD ENDORSED IN BLANK, FOR 110PCT OF THE INVOICE VALUE COVERING THE INSTITUTE CARGO CLAUSES (A), THE INSTITUTE WAR CLAUSES AS PER INSTITUTE CARGO CLAUSE, INSURANCE CLAIMS TO BE PAYABLE IN JAPAN IN THE CURRENCY OF THE DRAFTS

4) QUALITY CERTIFICATE ISSUED BY COMPETENT AUTHORITY

（续上页）

CERTIFYING THAT THE SHIPPED GOODS HAVE BEEN PROVEN AND TO BE IN COMPLIANCE WITH THE APPROVED INTERNATIONAL STANDARDS.

6) CERTIFICATE OF ORIGIN GSP FORM A IN 1 ORIGINAL AND 1 COPY, ISSUED BY COMPETENT AUTHORITY

7) PACKING LIST IN 3 FOLD

8) SHIPMENT ADVICE IN FULL DETAILS INCLUDING NAME OF COMMODITY, SHIPPING MARKS, CARTON NUMBERS, VESSEL NAME, B/L NUMBER, INVOICE VALUE AND DATE OF SHIPMENT, PORT OF LOADING , PORT OF DESTINATION MUST BE SENT TO APPLICANT BY FAX WITHIN 3 DAYS AFTER SHIPMENT

9) BENEFICIARY'S CERTIFICATE STATING THAT ONE SET OF COPY SHIPPING DOCUMENTS HAS BEEN SENT DIRECTLY TO THE APPLICANT BY FAX.

ADDITIONAL COND.： 47A 1. T.T. REIMBURSEMENT IS PROHIBITED.
2. THE GOODS TO BE PACKED IN EXPORT STRONG COLORED CARTONS.
3. SHIPPING MARKS: ITOCHU
OSAKA
NO. 1-800

DETAILS OF CHARGES 71B : ALL BANKING CHARGES OUTSIDE JAPAN INCLUDING REIMBURSEMENT COMMISSION, ARE FOR ACCOUNT OF BENEFICIARY.

PRESENTATION PERIOD 48 : DOCUMENTS TO BE PRESENTED WITHIN 15 DAYS AFTER THE DATE OF SHIPMENT, BUT WITHIN THE VALIDITY OF THE CREDIT.

CONFIRMATION 49 : WITHOUT

INSTRUCTIONS 78 : THE NEGOTIATION BANK MUST FORWARD THE DRAFTS AND ALL DOCUMENTS BY REGISTERED AIRMAIL DIRECT TO US IN TWO CONSECUTIVE LOTS， UPON RECEIPT OF THE DRAFTS AND DOCUMENTS IN ORDER， WE WILL REMIT THE PROCEEDS AS INSTRUCTED BY THE NEGOTIATING BANK.

一、商业发票

（一）商业发票的作用

商业发票在实际业务中通常简称为“发票”，是卖方向买方开立的，对所交货物的总说明，是一张发货价目清单。它是结汇单据中最重要的单据，能让有关当事人了解一笔交易的全貌，其他单据都是以发票为依据制作的。

（1）发票是交易的合法证明文件，是买卖双方收付货款和记账的依据。

（2）发票是买卖双方办理报关、缴纳关税的依据。

（3）在不使用汇票时，出口商可凭发票向进口商收款。

（4）在我国，发票还有核销外汇的作用。

（二）商业发票的内容（参照样单5－1）

商业发票由出口企业自行拟制，无统一格式，但基本栏目大致相同。从本质上讲，发票是进出口商在国际贸易经济业务中的会计原始凭证，所以，发票的具体内容是以原始会计凭证的基本内容为基础的。它包括以下具体内容：

信用证单据条款（46A）第1条规定："ORIGINAL SIGNED COMMERCIAL INVOICE IN 5 FOLD."

（1）出票人的名称与地址：信用证方式下显示信用证中的受益人，如是汇付和托收方式则显示买卖合同中的卖方。

（2）单据的名称：一般根据合同或信用证要求制作成"商业发票"（COMMERCIAL INVOICE）或"发票"（INVOICE）字样。

（3）抬头人名称与地址：信用证方式下显示信用证中的开证申请人，如是汇付和托收方式则显示买卖合同中买方的名称和地址。

（4）出口商：此栏显示的是买卖合同中卖方的名称和地址。

（5）运输资料：此栏显示的是装运港、目的港以及运输方式等内容，如货物需要转运，此栏还会体现转运港的名称（如：FROM GUANGZHOU TO NEW YORK W/T HONGKONG）。

（6）发票号码：一般是卖方根据本公司的实际情况编制。

（7）发票日期：此栏显示的是发盘的签发日期，在卖方所提交的单据中，发票一般是签发日期最早的单据。

（8）信用证号码：此栏显示的是开证行给予所出具的信用证的编号，在汇付和托收方式下可以不设此项。

（9）信用证日期：此栏显示的是信用证中的开证日期。

（10）合同号码：此栏显示的是买卖双方签订的销售合同的号码。

（11）支付方式：此栏显示的是买卖合同中规定的支付方式，如L/C，T/T，D/P AT SIGHT。

（12）唛头：此栏显示卖方所交付货物的运输标志，一般按合同或信用证规定的运输标志填写，如合同或信用证中没有约定，则此栏显示为"NO MARK或N/M"，当然卖方也可自行设计唛头。

（13）货物描述：此栏显示的是货物的名称及具体的规格，如是信用证方式，此栏描述必须与信用证规定的一致。

（14）商品的件数：此栏显示的是实际装运的商品的件数。

（15）单价：完整的单价包括计价货币、计量单位、单位金额和价格术语四个部分。

（16）总值：是商品数量与单价的乘积。

（17）出票人的盖章或签字：在信用证方式下，除非信用证要求，商业发票无须签字；如是汇付和托收方式下，卖方根据本公司的管理制度自行决定签章与否。

样单 5－1：商业发票

(1)
广东纺织品进出口公司
GUANGDONG TEXTILES IMP. AND EXP. CORPORATION
27 DEZHANG ROAD,GUANGZHOUCHINA

(2)
商 业 发 票
COMMERCIAL INVOICE

ORIGINAL

Messrs: (3)
SAKATACHI CORPORATION
OSACY SECTION
OSAKA, JAPAN

INVOICE NO. : TS0025 (6)
INVOICE DATE : MAY 20, 2006 (7)
L/C NO. : ABL-AN107 (8)
L/C DATE : APR. 05, 2006 (9)
S/C NO. : SHT107 (10)

Exporter: (4)
GUANGDONG TEXTILES IMP. AND EXP. CORPORATION
27 DEZHENG ROAD, GUANGZHOU, CHINA

Transport details: (5)
FROM GUANGZHOU TO OSAKA BY VESSEL

Terms of payment: (11)
BY L/C

MARKS & NOS.	DESCRIPTION OF GOODS	QUANTITY	UNIT PRICE	AMOUNT
(12)	(13)	(14)	(15)	(16)
	100% PURE COTTON TOWEL		CIF OSAKA	
ITOCHU	ART NO. : F2388(0427)	3,000PCS	USD 1.00/PC	USD3,000.00
OSAKA	ART NO. : T4939(0428)	3,000PCS	USD1.00/PC	USD3,000.00
NO. 1-800	ART NO. : K5306(0429)	2,000PCS	USD1.25/PC	USD2,500.00
				USD8,500.00

TOTAL:U.S. DOLLARS EIGHT THOUSAND FIVE HUNDRED ONLY

(17)
GUANGDONG TEXTILES IMP. AND EXP. CORPORATION

GUANGDONG TEXTILES IMPORT & EXPORT CORPORATION
广东纺织品进出口公司

二、汇票

(一)《日内瓦统一法》的规定

为了使票据流通顺畅，保障有关当事人的权益，促使结算顺利进行，各国都制定了关于票据的专门法律，对票据的种类、形式、内容作了法律上的规范。下面是《日内瓦统一法》对汇票内容的规定：

（1）必须写明汇票字样。

（2）必须有大写和小写的货币名称和金额。

（3）必须有出票日期和地点。

（4）必须有无条件支付委托的文句。

（5）必须有付款期限。

（6）必须有收款人名称。

（7）必须有付款人名称和地址。

（8）必须有出票人的签章。

（二）汇票的格式与内容（参照样单5－2）

信用证汇票条款（42C）规定："DRAFTS AT SIGHT FOR FULL INVOICE VALUE."

1. 出票根据

（1）信用证项下，虽然各国的法律均不将此项内容作为汇票具备法律效力的必备的形式要件，但实际业务中都填写此项内容以表明汇票的交易起源。一般显示三项内容，依次为开证行名称、信用证号码和信用证开证日期。

（2）托收项下，实际业务中有的只在此栏加注"FOR COLLECTION"，不做任何其他说明；有的加注发运货物的名称、数量及合同号码等（如Covering 8 000 pieces of 100% pure cotton towel under S/C NO. SHT107）以表明汇票的交易起源。

2. 年息

由银行填写，用以结算企业与银行间的利息费用。

3. 汇票号码

实际填写商业发票的号码以便企业归档，目前实际业务中一般留空不填。

4. 小写金额

以货币缩写和阿拉伯数字显示合同或信用证规定的交易金额。

5. 出票日期

此栏显示的是汇票的签发日期，通常是卖方到银行办理议付手续时才签发，实务中也可由银行填写。

6. 付款到期日

此栏显示的是汇票所载金额的支付日期。

下面介绍几种付款到期日的记载方法：

（1）即期付款：At　＊＊＊ ＊＊＊＊　sight。

（2）见票后30天付款：At 30 DAYS sight。

（3）装运日后30天付款：At 30 DAYS AFTER B/L DATE：MAY 20, 2006 sight。

（4）出票日后30天付款：At 30 DAYS AFTER DATE sight。

（5）定日付款（于2006年5月20日付款）：At MAY 20, 2006 sight。

7. 收款人名称

此栏显示出票人指定的接受票款的人。

下面介绍三种收款人的记载方法：

（1）限制性抬头：Pay to A CO. only（仅付给 A 公司），这种汇票不能转让。

（2）指示性抬头：Pay to the order of BANK OF CHINA，GUANGDONG BRANCH，这种汇票使用最为普遍，可由“BANK OF CHINA，GUANGDONG BRANCH”背书后进行转让。

（3）来人抬头：Pay to HOLDER（OR BEARER），这种汇票仅凭交付就可转让，无须背书。

8. 大写金额

以文字显示合同或信用证规定的交易金额，注意在金额最后面加上“ONLY”（意指“整”），以防止添加。

9. 付款人名称及地址

此栏显示的是支付汇票金额的人及其地址。

10. 出票人签章

此栏显示的是签发汇票的人及其签名、盖章。

样单 5－2：汇票

F14

1

凭
Drawn under ASAHI BANK LTD.，TOKYO
信用证 第 号
L/C *No.* ABL-AN107
日期 年 月 日
dated APR. 5，2006 （1）

按 息 付 款
Payable with interest @ （2） *% per annum*

号码 汇 票 金 额 （4） 中国．广州 年 月 日
No. （3） **Exchange** *for* USD8500.00 *Guangzhou. China* （5） 20

见票 （6） 日 后（本 汇 票 之 副 本 未 付）付
At *** *sight of this* **FIRST** *of Exchange* （*Second of exchange being unpaid*）

pay to the order of BANK OF CHINA，GUANGDONG BRANCH （7） 或 其 指 定 人

金 额 SAY U. S. DOLLARS EIGHT THOUSAND FIVE HUNDRED ONLY. （8）
the sum of

此致 （9） （10）
To ASAHI BANK LTD.，TOKYO

GUANGDONG TEXTILES IMP. AND EXP. CORPORATION
GUANGDONG TEXTILES IMPORT & EXPORT CORPORATION
广东纺织品进出口公司

三、海运提单

（一）提单的定义和属性

1. 定义

英国是世界上较早对提单立法的国家，在 1855 年颁布了《提单法》，美国也在 1893 年制定了调整海上货物运输的《哈特法》，1916 年又单独制定了《提单法》。1924 年国际法协会为统一提单立法，制定并通过了《海牙规则》。但这些法律都未对提单的定义作出

界定，直到联合国1978年制定的《汉堡规则》才首次对提单的定义做出了规定。

根据《汉堡规则》，提单是指用以证明海上货物运输合同和货物已由承运人接受或装船，以及承运人保证据以交付货物的单证。

2. 提单的属性

提单的属性反映着提单的本质特征，根据提单的产生和发展过程以及有关立法，提单的属性可以归纳为以下三个方面：

（1）提单的货物收据属性。从提单的发展历史看，提单首先是作为货物收据出现的，承运人通过向托运人签发提单，来证明承运人已经收到并开始占有提单载明的货物。

（2）提单的物权凭证属性。海运提单持有人可凭提单在目的港向承运人提取货物，也可在载货船舶到达目的港之前，通过背书转让提单从而转让货物的所有权，或凭以向银行办理抵押贷款。

（3）提单的运输合同属性。提单的运输合同属性在不同运输形式下表现形式不同，人们对此问题的认识也因此不同，英国提单法承认提单具有运输合同的属性，而我国的《海商法》将提单视为托运人与承运人之间的运输合同的证明。

（二）海运提单的一般内容（参照样单5－3）

信用证单据条款（46A）第2条规定："3/3 SET OF ORIGINAL CLEAN ON BOARD OCEAN BILLS OF LADING MADE OUT TO ORDER OF SHIPPER AND BLANK ENDORSED AND MARKED "FREIGHT PREPAID", NOTIFY APPLICANT (WITH FULL NAME AND ADDRESS)."

（1）托运人：此栏显示的是委托船公司运输货物的人。信用证方式下是信用证的受益人，汇付和托收下一般是买卖合同中的卖方。

（2）收货人：此栏显示的是可凭借提单提取货物的人。

下面介绍几种收货人的记载方法：

①不填写收货人名称而留空：此种提单风险较大，实务中基本不采用；

②填写实际收货人的具体名称：Consignee：SAKATACHI CORPORATION

此种提单由于只能由记名的收货人提货，不能进行流通转让，所以在实务中运用不多；

③做成指示抬头，在实务中又可能出现以下几种情况：

A. 凭指示：Consignee：TO ORDER

B. 凭托运人指示：Consignee：TO ORDER OF SHIPPER

C. 凭×××指示：Consignee：TO ORDER OF ×××（记名的指示人可以是开证行，也可以是开证申请人——进口商）

这种提单由于可以进行背书转让，所以实务中用得最多，其中又以"TO ORDER"和"TO ORDER OF SHIPPER"两种形式最为普遍，通常都是由托运人进行空白背书转让。

（3）被通知人：此栏显示的是船公司在货物到达目的港（地）后可以通知到货的人。在信用证方式下，则通常是信用证的开证申请人（具体按信用证的规定）；在汇付和托收方式下，通常是买卖合同中的卖方。

（4）前段运输：此栏显示的是货物需要转运时第一程运输的运输工具的名称，如果货物无须转运，则此栏空白。

（5）收货地点：此栏显示的是货物需要转运时，承运人接受托运人移交的托运货物并承担运输责任的地点，如果货物无须转运，则此栏空白。

（6）船名、航次：此栏显示的是运输船只及航次，如货物需要转运，则是第二程运输船只的船名及航次。

（7）装运港：此栏显示的是货物装船起运的港口名称。

（8）卸货港：此栏显示的是货物卸离运输船舶的港口名称。

（9）交货地点：此栏显示的是托运人要求将货物运送到达的最终目的地的名称。

（10）唛头：此处显示的是装运货物的运输标志，与发票显示的一致。

（11）集装箱号和封号：此处显示的是使用集装箱运输时，装运货物的集装箱箱号及铅封号码。

（12）包装数量：此栏显示的是装运货物的包装的数量。

（13）货物描述：此栏显示的是装运货物的名称，与发票名称一致，也可以使用与信用证规定及其他单据不矛盾的货物统称。

（14）毛重：此栏显示的是装运货物的总毛重。

（15）体积：此栏显示的是装运货物的总体积。

（16）已装船批注：此处表明货物已装船及具体的装船时间。如果提单已经事先印有“已装船”字样，则可不作此批注，提单的签发日期将被视为已装船日期。

（17）运费缴付方式：此处显示采用的是运费预付方式。信用证方式下，运费缴付根据信用证规定办理；汇付和托收方式下，根据买卖双方在合同约定的价格术语办理。

除非信用证或托运人有特别要求，否则提单一般不显示运费的具体金额，而只是表明运费是否已经付清，主要方式有：

①运费已付：FREIGHT PAID；

②运费预付：FREIGHT PREPAID；

③运费到付：FREIGHT PAYABLE AT DESTINATION；

④运费待付：FREIGHT COLLECT。

（18）签发地点和日期：此栏显示的是提单签发的地点和时间。在无“已装船批注”的情况下，提单的签发日期将被视为货物发送、接管或装运的日期，也即发运日期。

（19）正本的份数：此栏显示的是船公司签发的提单正本的份数。信用证方式下，托运人根据信用证的规定的份数要求船公司签发提单；汇付和托收方式下，如托运人无特别要求，船公司一般签发两至三份正本提单。

（20）签章：此栏显示的是签发提单人的名称、身份及签字。

样单 5－3：海运提单

许可证号：JTL0008

Shipper (1) GUANGDONG TEXTILES IMP. AND EXP. CORPORATION 27 DEZHENG ROAD,GUANGZHOU,CHINA		B/L NO TTCUSH6593255 中远集装箱运输有限公司 COSCO CONTAINER LINES COSCO TLX: 33057 COSCO CN FAX: +86 (021) 6545 8984 **ORIGINAL**
Consignee (2) TO ORDER OF SHIPPER		
Notify Address (3) SAKATACHI CORPORATION OSACY SECTION，OSAKA，JAPAN		Port-to Port or Combined Transport **BILL OF LADING** RECEIVED in apparent good order and condition except as otherwise noted the total number of containers or other packages or units enumerated below for transportation from the place of receipt to the place of delivery subject to the terms and conditions hereof. One of the Bills of Lading must be surrendered duly endorsed to the Carrier by or on behalf of the Holder of the Bill of Lading, the rights and liabilities arising in accordance with the terms and conditions hereof shall, without prejudice to any rule of common law or statute rendering them binding on the Merchant, become binding in all respects between the Carrier and the Holder of the Bill of Lading as though the contract evidenced hereby had been made between them. IN WITNESS whereof the number of original Bills of Lading stated under have been signed. All of this tenor and date, one of which being accomplished, the other(s) to be void. For delivery of goods please apply to :
Pre-carriage by (4)	Place of receipt (5)	
Ocean Vessel Voy. No (6) SHENZHEN V.252	Port of Loading (7) GUANGZHOU，CHINA	
Port of Discharge (8) OSAKA，JAJPAN	Place of Deliver (9)	

Particulars Furnished by Merchants

Container/Seal No. Marks & Nos.	No of Container or Packages	Description of Goods (If Dangerous Goods. See Clauses 20)	Gross Weight Kgs	Measurement M^3
(10) ITOCHU OSAKA NO.1-800 (11) GATU8544340 SEAL8756523	(12) 800CTNS	(13) 100% PURE COTTON TOWEL (16) ON BOARD DATE: MAY 25，2006 (17) FREIGHT PREPAID 1×20' LCL/LCL CFS/CFS	(14) 4000KGS	(15) 9.6M3
10 Total Number of containers and/or Packages(in words)		SAY EIGHT HUNDRED CTNS ONLY.		

11. FREIGHT & CHARGES	Revenue Tons.	Rate Per	Prepaid	Collect

Ex. Rate:	Prepaid at GUANGZHOU	Payable at	Place and date of issue (18) GUANGZHOU MAY 25，2006
	Total Prepaid	No. of Original B(s)/L (19) TWO	Stamp & Signature (20)

广东中远集装箱船务代理有限公司
COSCO GUANGDONG CONTAINER SHIPPING AGENCY CO.,LTD
刘毅
AS AGENT
Signed for the Carrier: **COSCO CONTAINER LINES**

四、保险单

（一）保险单的作用

（1）保险合同证明：根据英国法律，保险单是合格的保险合同证明，而其他许多国家的保险法都是以英国法为蓝本制定的。

（2）赔偿证明：保险合同是赔偿合同，在保险货物发生承保责任范围内的损失时，保单是被保险人索赔的主要依据，也是保险人理赔的主要依据。

（3）货物运输保险单经过背书后，可以随货物所有权的转移而进行转移，其他类型的保单都不可以进行类似转让。

（二）海洋货物运输保险单的内容（参照样单5－4）

信用证单据条款（46A）第1条规定："INSURANCE POLICY OR CERTIFICATE IN TWO FOLD ENDORSED IN BLANK, FOR 110PCT OF THE INVOICE VALUE COVERING THE INSTITUTE CARGO CLAUSES（A）, THE INSTITUTE WAR CLAUSES AS PER INSTITUTE CARGO CLAUSE, INSURANCE CLAIMS TO BE PAYABLE IN JAPAN IN THE CURRENCY OF THE DRAFTS."

（1）发票号码：此栏显示的是投保货物的商业发票号码。

（2）保险单号次：此栏显示的是保险公司编制的保单号。

（3）保险单据名称：一般根据信用证或合同中的规定提交相应的保险单据。

目前在我国进出口业务中使用的保险单据主要有以下几种：

①Insurance Policy（保险单）：又称大保单，其内容比较详尽，一般在正面印制了海上保险所需的基本事项，背面则列明了一般保险条款，规定保险人与被保险人的各项权利和义务、保险责任范围、除外责任、损失处理、索赔理赔、保险争议处理、实效条款等内容。

②Insurance Certificate（保险凭证）：又称小保单，其实际上是一种简化的保险单，正面所列内容与保险单是一样的，但其背面是空白的，没有载明保险条款，只是在正面声明以同类保险单所载条款为准。保险凭证与保险单具有同等的法律效力，但目前已较少使用。

③Open Policy（预约保险单）：又称开口保险单，是保险人与被保险人双方预先签订的长期保险合同，保险公司根据合同约定条件承担自动承保责任。

④Endorsement（保险批单）：保险批单是保险公司在保险单开立后，根据投保人的需求，对保险内容进行补充或变更而出具的一种凭证。批单是保险单的组成部分。

（4）被保险人：又称为保单的抬头人。在信用证方式下，按信用证规定填写，如无规定填写受益人的名称；在汇付和托收方式下，一般为买卖合同中的卖方。

（5）保险货物项目：此栏显示的是保险货物的名称。信用证支付方式下，可以使用与信用证规定不矛盾的货物统称。

（6）包装及数量：此栏显示的是保险货物的包装数量及种类。

（7）保险金额：是指当货物出现全部损失时，保险人承担的最高赔偿限额。当双方以CIF或CIP成交时，保险金额一般按发票金额加成比例计算，具体的加成比例按买卖合同或信用证的规定执行，如无规定，一般是按发票价值加一成计算。

（8）承保险别：此栏显示的是买卖合同或信用证中约定的保险条款及险别名称。

我国进出口业务中常用的货物运输保险条款包括英国伦敦协会货物保险和中国人民保险公司的保险条款。

①英国伦敦协会货物保险条款（Institute Cargo Clause，简称ICC），其规定的主要险别有协会货物（A）险条款（ICC A）、协会货物（B）险条款（ICC B）和协会货物（C）险条款（ICC C）。

②中国人民保险公司的保险条款（China Insurance Clause，简称CIC），其规定的主要险别有平安险（FPA）、水渍险（WPA）和一切险（ALL RISKS）。

（9）货物标记：此栏显示的是保险货物的运输标志，与发票显示的一致。

（10）总保险金额：此栏显示的是以文字（大写）形式表示的运输货物保险金额。

（11）保费：一般不显示具体的保险费用，而是由保险公司在印刷保单时填入“as arranged”字样，意即按约定处理。

（12）载运输工具：此栏显示的是装运货物的运输工具的名称及航次。如货物需转运，此栏须显示各程运输的运输工具名称，如“DA YANG V. 23/SHENZHEN V. 252”。

（13）开航日期：此栏显示的是货物的装船日期，也可简单表示为“AS PER B/L”。

（14）装运港：此栏显示的是货物装船起运的港口名称，与提单一致。

（15）卸货港：此栏显示的是货物卸离运输船舶的港口名称，与提单一致。如货物需转运，还需显示转运港的名称，如“NEW YORK W/T HONGKONG”。

（16）保险单份数：此处显示的是保险公司出具的正本保险单份数。当信用证或合同没有特别说明时，保险公司一般出具一套五份的保险单，由一份正本（original）、一份复联（duplicate）和三份副本（copy）构成。

（17）赔付地点：通常将运输目的港（地）作为赔付地点。如合同或信用证另有规定时，则依照要求填写。

（18）日期：此栏显示的是保险公司签发保单的日期。此日期是保险公司开始对被保险货物承担保险责任的起算时间，由于保险公司提供仓至仓的承保服务，所以卖方应尽量在货物离开己方仓库前办理保险手续。

（19）地点：此栏显示的是保险公司签发保单的地点，一般为装运港（地）。

（20）地址：此栏显示的是签发保单的保险公司的地址，由保险公司填写。

样单5-4：保险单

中保财产保险有限公司
The people's insurance(Property) Company of China, Ltd.

PICC PROPERTY

发票号码 (1)
Invoice No. TS0025

(3)

保险单号次 (2)
Policy No. 2006SH2504466

海 洋 货 物 运 输 保 险 单
MARINE CARGO TRANSPORTATION INSURANCE POLICY

被保险人：(4)
Insured: GUANGDONG TEXTILES IMP.AND EXP. CORPORATION

中保财产保险有限公司(以下简称本公司)根据被保险人的要求，及其所缴付约定的保险费，按照本保险单承担险别和背面所载条款与下列特别条款承保下列货物运输保险，特签发本保险单。

This policy of Insurance witnesses that The People's Insurance(Property)Company of China, Ltd. (hereinafter called "The Company"), at the request of the Insured and in consideration of the agreed premium paid by the Insured, undertakes to insure the under mentioned goods in transportation subject to the conditions of this Policy as per the Clauses printed overleaf and other special clauses attached hereon.

保险货物项目 Descriptions of Goods	包装 单位 数量 Packing Unit Quantity	保险金额 Amount Insured
(5) 100% PURE COTTON TOWEL	(6) 800CTNS	(7) USD9350.00

承保险别 (8)
Conditions。

COVERINGING THE INSTITUTE CARGO CLAUSES (A)
THE INSTITUTE WAR CLAUSES AS PER
INSTITUTE CARGO CLAUSES

ORIGINAL

货物标记 (9)
Marks of Goods

ITOCHU
OSAKA
NO.1-800

总保险金额：(10)
Total Amount Insured: U.S.DOLLARS NINE THOUSAND THREE HUNDRED AND FIFTY ONLY

保费 (11) Premium As arranged

载运输工具 (12) Per conveyance S.S SHENZHEN V.252

开航日期 (13) Slg. On or abt AS PER B/L

起运港 (14) From GUANGZHOU

目的港 (15) To OSAKA

所保货物，如发生本保险单项下可能引起索赔的损失或损坏，应立即通知本公司下述代理人查勘。如有索赔，应向本公司提交保险单正本(本保险单共有　份正本)及有关文件。如一份正本已用于索赔，其余正本则自动失效。

In the event of loss or damage which may result in a claim under this Policy, immediate notice must be given to the Company's Agent as mentioned hereunder. Claims, if any, one of the Original Policy which has been issued in (16) ONE Original(s) together with the relevant documents shall be surrendered to the Company. If one of the Original Policy has been accomplished, the others to be void.

中保财产保险有限公司
THE PEOPLE'S INSURANCE (PROPERTY) COMPANY OF CHINA LTD.

赔款偿付地点 (17)
Claim payable at JAPAN IN USD

日期 (18) Date MAY 20, 2006

在 (19) at GUANGZHOU

地址：(20)
Address

2 Guangwei Road,Guangzhou,China
Fax:83324566 tlx:440462 PICC CN

THE PEOPLE'S INSURANCE (PROPERTY) CO. OF CHINA, LTD.
GUANGDONG PROVINCIAL BRANCH
INTERNATIONAL DEPT.

UNDERWRITING SIGNATORY

五、商检证书

（一）商检证书的含义及作用

为了保证卖方所交货物与合同规定相符，买方有时候会在合同中要求卖方提交出口国检验机构或指定的民间检验机构出具的检验证书，如采用信用证支付方式，该要求会出现在单据条款中。

商检证书（Inspection Certification）是指由检验机构对进出口商品进行检验或鉴定后，根据不同的检验结果或鉴定项目出具并签署的证明货物已检验达标并包含了检验结果的书面声明。

在国际贸易中，商检证书起着公正证明的作用，成为买卖双方交接货物、结算货款和进行索赔和理赔的依据之一，也是通关、征收关税和优惠减免关税、结算运费的有效凭证之一。

（二）商检证书的种类

根据进出境货物的不同的检验、检疫要求，不同的鉴定项目和不同的作用，我国检验检疫机构签发不同的检验检疫证书、凭单、监管类证单、报关单和记录报告，种类繁多。下面列举常见的证书种类和适用范围：

（1）品质证书（Quality Certificate），用于证明进口商品品质、规格、等级、成分、性能等实际情况。

（2）数量检验证书（Quantity Certificate），用于证明进出口商品的数量、重量，如毛重、净重、皮重等。

（3）植物检疫证书（Phytosanitary Certificate），用于证明植物基本不带有其他的有害物，符合输入国或地区的植物要求。

（4）动物卫生证书（Animal Health Certificate），是证明出口动物产品经过检验合格的书面证件，适用于冻畜肉、冻禽、皮张、肠衣等商品，一般由主任兽医签署。

（5）卫生证书（Sanitary Certificate），用于证明可供食用的出口动物产品、食品等经过卫生检疫或检验合格，适用于罐头食品、蛋品、乳制品等商品。

（6）熏蒸/消毒证书（Fumigation/Disinfection Certificate），是证明出口动植物产品已经过消毒或熏蒸处理的证明文件，适用于猪鬃、马尾、羽绒制品、针叶木等商品。

（7）残损鉴定证书（Inspection Certificate on Damaged Cargo），用于证明进口商品残损情况，供索赔时使用。

（8）包装检验证书（Inspection Certificate of Packing），用于证明进出口商品包装情况。

（9）温度检验证书（Certificate of Temperature），用于证明出口冷冻商品的温度符合合同或有关规定。

（10）船舶检验证书（Inspection Certificate on Tank/Hold），用于证明承运出口商品船舶清洁、牢固、冷藏效能及其他装运条件符合保护承载商品的质量和数量完整与安全的要求。

（11）货载衡量证书（Inspection Certificate on Cargo Weight & Measurement），是证明进出口商品的重量、体积、吨位的证书，是计算运费和制订配载计划的依据。

（三）商检证书内容（参照样单5－5）

不同类别的检验检疫证书，其内容和缮制要求均不同，限于篇幅，下面仅介绍出入境商品检验检疫局签发的“品质证书”的主要内容。

信用证单据条款（46A）第4条规定：“QUALITY CERTIFICATE ISSUED BY COMPETENT AUTHORITY CERTIFYING THAT THE SHIPPED GOODS HAVE BEEN PROVEN AND TO BE IN COMPLIANCE WITH THE APPROVED INTERNATIONAL STANDARDS.”

（1）单据名称：信用证要求提交品质证书。

（2）编号：此栏显示的是证书编号，由出入境检验检疫局根据不同类别的商品进行编制。

（3）发货人：此栏显示的是发货人名称和地址，信用证方式下显示信用证中的受益人，如是汇付和托收方式则显示买卖合同中的卖方。

（4）收货人：此栏显示的是收货人的名称和地址，信用证方式下显示信用证中的受益人，如是汇付和托收方式则显示买卖合同中的卖方。

（5）品名：此栏显示的是出口货物的名称，与发票表明的名称一致，也可以使用与信用证规定及与其他单据不矛盾的货物统称。

（6）标记及号码：此栏显示卖方所交付货物的运输标志，一般按合同或信用证规定的运输标志填写，如合同或信用证中没有约定，则此栏显示为“NO MARK 或 N/M”，当然卖方也可自行设计唛头。

（7）报检数量/重量：此栏显示实际交付货物的数量和重量，与发票相应栏目一致。

（8）包装种类及数量：此栏显示实际交付货物的包装种类及重量，与发票和提单相应栏目一致。

（9）运输工具：此栏显示的是运输方式。

（10）发货日期：此栏显示的是货物的装运日期，与提单一致。

（11）到达国家及地点：此栏显示的是货物最终运抵的目的港（地）所在国名称。

（12）检验结果：此栏由检验检疫机构检验后批注，用于证明本批货物经检验后的实际品质。

（13）印章和签署：此栏显示的是出入境检验检疫局的印章，符合信用证条款要求。如果没有特别指定，任何检验机构均可出具，但须盖章和签字（《关于审核跟单信用证项下单据的国际标准银行实务》的规定：“即使信用证没有要求，汇票、证明和声明自身的性质决定其必须有签字”）。

（14）签证地点：此栏显示检验检疫机构签发该证的地点。

（15）签证日期：此栏显示检验检疫机构签发该证的日期。

样单 5－5：品质证书

中华人民共和国出入境检验检疫
ENTRY-EXIT INSPECTION AND QUARANTINE
OF THE PEOPLE'S REPUBLIC OF CHINA

正本
ORIGINAL

(2) 编号 No.：470000206371245

(1) 品质证书
QUALITY CERTIFICATE

发货人 (3)
Consignor GUANGDONG TEXTILES IMP. AND EXP. CORPORATION
27 DEZHENG ROAD,GUANGZHOU,CHINA

收货人 (4)
Consignee SAKATACHI CORPORATION
OSACY SECTION,OAKA,JAPAN

品名 (5)
Description of Goods 100% PURE COTTON TOWEL

标记及号码 (6)
Marks & No.
ITOCHU
OSAKA
NO.1-800

报检数量/重量 (7)
Quantity/Weight Declared 8000PCS/4000KGS

包装种类及数量 (8)
Number and Type of Package 800CTNS

运输工具 (9)
Means of Conveyance BY VESSEL

发货日期 (10)
Date of dispatch MAY 25, 2006

到达国家及地点 (11)
Country and place of destination JAPAN

检验结果 (12)
RESULTS OF INSPECTION:

INVOCE NO.: TS0025
WE TESTIFY THTA THESE GOODS HAVE BEEN PROVEN TO BE IN COMPLIANCE
WITH THE APPROVED INTERNATIONAL STANDARDS.

(13) 印章
Official Stamp

(14) 签证地点 **Place of Issue** GUANGZHOU

(15) 签证日期 **Date of Issue** MAY 22, 2006

授权签发人 **Authorized Officer** XIAO HUA

签 名 **Signature**

我们已尽所知和最大能力实施上述检验，不能因我们签发本证书而免除买方或其他方面根据合同和法律所承担的产品质量责任和其他责任。All inspections are carried out conscientiously to the best of our knowledge and ability. This certificate does not in any respect absolve the seller and other related parties from his contractual and legal obligations especially when product quality is concerned.

六、原产地证书

（一）原产地证书的含义与作用

1. 含义

原产地证书，是指由出口国政府有关机构签发的一种证明货物的原产地或制造地的法律文件。它主要用于进口国海关实行差别关税，实施进口限制、不同进口税率和不同进口配额等不同国别政策的书面依据。

2. 作用

（1）证明出口货物符合《中华人民共和国出口货物原产地规则》，确系中国制造。

（2）是被进口国海关所认可的一种正式书面文件。

（3）进口国海关以此作为差别关税、进口限制和不同进口配额与不同税率的依据文件。

（4）是出口通关、结汇和有关方面进行贸易统计的重要依据。

（二）原产地证书的种类

根据原产地证书的签发机构、使用范围和证书格式的不同，其可分为以下四种类型：

1. 一般原产地证书（Certificate of Original of The People's of China）

通常用于不使用海关发票或领事发票的国家（地区），以确定对进口货物征税的税率。若信用证或合同未作具体规定，一般由检验检疫局出具。

另外，根据进口商的不同要求，出口商也可提供由贸促会签发的中华人民共和国原产地证或者由出口商、生产厂家等单位出具证明货物原产地的文件。因此，一般原产地证书有四种形式：

（1）出入境检验检疫局出具的“中华人民共和国原产地证书”。

（2）贸促会出具的“中华人民共和国原产地证书”。

（3）出口商出具的“原产地证书”。

（4）生产厂家出具的“原产地证书”。

其中，如商品能享受进口国的进口关税优惠，进口国海关一般认可第一种、第二种形式的原产地证书。

2. 普惠制原产地证书（Generalized System of Preferences Certificate of Original）

普遍优惠制度是发达国家给予发展中国家所出口的制成品和半制成品（包括某些初级产品）普遍的、非歧视性的、非互惠的一种关税优惠制度。普惠制原产地证书是一种受惠国有关机构就本国出口商品向给惠国出口受惠商品而签发的用以证明原产地的证明文件。

在我国，普惠制原产地证书只能由各口岸的检验检疫机构办理签证、发证和管理工作。出口商在对给惠国出口“可受惠商品”时，不管买卖合同或信用证是否要求提供 GSP 产地证，都应申领此证并交收货人，使其所进口商品能享受该国的普惠制待遇。全球有 30 个普惠制给惠国，除了美国、匈牙利、保加利亚三国对我国不给此种待遇外，其他国家均给予中国产品以普惠制待遇，主要有德国、比利时、荷兰、卢森堡、法国、意大利、丹麦、爱尔兰、英国、希腊、西班牙、葡萄牙、奥地利、芬兰、挪威、瑞典、澳大利亚、新西兰、日本、加拿大等国。

普惠制原产地证书格式主要有三种：普惠制原产地证书格式A（FORM A）、普惠制原产地证书格式59A（FORM 59A）和普惠制产地证书格式APR（FORM APR），其中格式A使用最为普遍和广泛。

3. 欧洲经济共同体纺织品专用产地证书（Europe Economic Community Certificate of Original）（简称“EEC纺织品产地证书”）

EEC纺织品产地证书专门用于需要配额的纺织类产品，是欧共体进口国海关控制配额的主要依据。EEC纺织品产地证书与EEC纺织品出口许可证的内容一致，我国专门由商务部签发。

4. 对美国出口的原产地声明书（Declaration of Country Origin）（简称“DCO美国产地证”书）

凡出口至美国的纺织品，出口商必须向进口商提供该类原产地声明书，作为进口商清关的单据之一，声明书主要有A、B、C三种格式：

（1）格式A：为单一国家产地声明书，一般适用于本国原料并由本国生产的产品。

（2）格式B：为多国产地声明书，一般用于来料加工、来件装配的产品，由多国生产。

（3）格式C：非多种纤维纺织品声明书，一般适用于纺织品原料的主要价值或重量是丝、麻类或其中羊毛含量不超过17%的纺织品。

由于产地证书种类繁多，限于篇幅无法一一介绍，下面只简单介绍在我国出口业务中使用最为频繁和广泛的一般原产地证书和普惠制原产地证书。

（三）一般原产地证书（参照样单5-6）

1. 申领手续

在我国，根据有关规定，出口企业最迟于货物出运3天前，向签证机构申请办理原产地证书（可以是出入境检验检疫局，也可以是贸促会），并提交下列文件：

（1）缮制完毕的“一般原产地证书申请单”一份。

（2）缮制完毕的“中华人民共和国原产地证明书”一套（一正三副）。

（3）商业发票正本一份。

（4）发证机构所需的其他证明文件，如“加工工序清单”等。

2. 一般原产地证明书的内容

虽然信用证案例中要求提交的是普惠制原产地证书格式A，在这里把一般原产地证书的内容也介绍一下。

（1）证书编号：此栏显示的是签证机构编定的证书号码。此栏不得留空，否则证书无效。

（2）出口方：此栏显示的是出口方的名称、详细地址及国家（地区），通常是外贸合同中的卖方或发票抬头人。若经其他国家或地区需填写转口商名称时，可在出口商后面加填英文VIA，然后再填写转口商名、地址和国家。

例如：

GUANGDONG TEXTILES IMP. AND EXP. CORPORATION

27, DEZHENG ROAD, GUANGZOU, CHINA

VIA NATALIA TRADING CO., LTD.

18 TAK FUNG STREET, HUNGHOM, KOWLOON, HONG KONG

(3) 收货方：此栏显示的是最终收货方的名称、详细地址及国家（地区），通常是外贸合同中的买方或信用证上规定的提单通知人。有时由于贸易的需要，信用证会规定所有单证收货人一栏留空。在这种情况下，此栏应加注“TO WHOM IT MAY CONCERN”，或“TO ORDER”，但不得留空。若需填写转口商名称时，可在收货人后面加填英文 VIA，然后再填写转口商名称、地址和国家。

(4) 运输方式和路线：此栏应显示在海运、陆运或空运方式下的装货港（地）、卸货港（地）及运输路线，如经转运，应注明转运港（地）。例如：“ON/ABOUT MAY 25, 2006 FROM GUANGZHOU TO SAN FRANCISCO VIA HONGKONG BY VESSEL”。

(5) 目的地国家（地区）：此栏显示的是货物最终运抵港口（地点）和国家（地区）的名称，一般应与最终收货人或最终目的港国别一致，不能填写装运港（地区）和中间商国家名称。

(6) 签证机构用栏：此栏为签证机构在签发后发证书、补发证书或加注其他声明时使用。证书申领单位应将此栏留空。

(7) 唛头：此栏显示的是此栏显示卖方所交付货物的运输标志。

需要注意的是，应按照出口发票上所列唛头填写完整图案、文字标记及包装号码，不可简单地填写“按照发票（AS PER INVOICE NO. ...）”，或者“按照提单（AS PER B/L NO. ...）”。货物无唛头，此栏不得留空，应填写 N/M（NO MARK）。

(8) 商品名称、包装数量及种类：此栏显示的是卖方所交付货物的名称，不得用概括性表述，包装数量及种类要按具体单位填写，包装数量应在阿拉伯数字后加注英文表述（如样单显示）。另外，本栏的末行要打上表示结束的符号（＊＊＊＊＊＊），以防加添内容。

(9) 商品编码：此栏显示的是卖方所交付货物的商品编码，应根据《中华人民共和国进出口商品的目录对照表》的规定填写 8 位或 10 位数字，不得留空。

①同一证书包含有几种商品时，应分别标明不同额商品编码，全部填报；

②有时候填报 10 位商品编码，其中最后两位为补充编码；

③填报的商品编码，必须与实际货名一致，并与报关单中显示的商品编码完全一致。

(10) 量值：此栏显示的是卖方所交付货物的数量及商品的计量单位。如计量单位为重量，应标明毛重或净重，例如：“G. W. 400KGS 或 N. W. 400KGS”。

(11) 发票号码及日期：此栏显示的卖方所申请出口货物的商业发票号码及日期。该栏日期应早于或同于实际出口日期，此栏不得留空。

(12) 出口方声明：出口商声明已事先印制，内容为：“兹由出口商声明以上所列内容正确无误，本批出口商品的生产地在中国，完全符合《中华人民共和国出口货物原产地规则》。”

申请单位应在该栏相应位置由已在签证机构注册备案的人员签字并加盖有中英文的申请单位印章，填写申领地点和日期，该栏日期不得早于发票日期。

(13) 签证机构证明，证明内容已事先印制，内容为：“兹证明出口商的声明是正确无误的。”

签证机构的授权签发人在相应位置签字并加盖签证机构印章，签字和盖章不得重合，同时填写签证日期、地点，注意该签发日期不得早于发票日期和申请日期。

样单 5-6：一般原产地证书

ORIGINAL

1. Exporter (full name and address)　(2) GUANGDONG TEXTILES IMP. AND EXP. CORPORATION 27, DEZHENG ROAD, GUANGZHOU, CHINA	Certificate No. **2506655111**　(1) **CERTIFICATE OF ORIGIN OF THE PEOPLE'S REPUBLIC OF CHINA**
2. Consignee (full name address, country)　(3) SAKATACHI CORPORATION OSACY SECTION OSAKA, JAPAN	
3. Means of transport and route　(4) FROM GUANGZHOU TO OSAKA BY VESSEL	5. For certifying authority use only　(6)
4. Country/region of destination　(5) OSAKA, JAPAN	

6. Marks and numbers (7)	7. Number and kind of packages; description of goods (8)	8. H. S. Code (9)	9. Quantity (10)	10. Number and date of invoices (11)
ITOCHU OSAKA NO.1-800	EIGHT HUNDRED (800) CTNS OF 100% PURE COTTON TOWEL **************************************	6102.4223	8000PCS	TS0025 MAY 20, 2006

11. Declaration by the exporter　(12) The undersigned hereby declares that the above details and statements are correct, that all the goods were produced in China and that they comply with the Rules of Origin of the People's Republic of China. GUANGDONG TEXTILES IMPORT & EXPORT CORPORATION 广东纺织品进出口公司 GUANGZHOU　MAY 20, 2006 Place and date, signature and stamp of authorized signatory	12. Certification　(13) It is hereby certified that the declaration by the export is correct. 中国国际贸易促进委员会 单据证明专用章 (粤) CHINA COUNCIL FOR THE PROMOTION OF INTERNATIONAL TRADE (GUANG DONG) GUANGZHOU　MAY 20, 2006 Place and date, signature of authorized signatory

（四）普惠制产地证书格式 A（参照样单 5-7）

1. 申领手续

根据出入境检验检疫局的有关规定，出口企业最迟于货物出运 5 天前，向出入境检验检疫局申请办理普惠制产地证书，并提交下列文件：

（1）缮制完毕的“普惠制产地证书申请单”一份。

（2）缮制完毕的"普惠制产地证书 FOMR A"一套（一正两副）。

（3）商业发票正本一份。

（4）发证机构所需的其他证明文件，如"加工工序清单"等。

（5）如出口沙盘含有进口成分，还应提供"含进口成分受惠商品成本明细单"一式两份。

2. 普惠制产地证书格式 A 的内容

信用证范例单据条款（46A）第 6 条规定："CERTIFICATE OF ORIGIN GSP FORM A IN 1 ORIGINAL AND 1 COPY, ISSUED BY COMPETENT AUTHORITY."

（1）证书编号：此栏显示的是检验检疫机构编定的证书号码。此栏不得留空，否则证书无效。

（2）出口商名称、地址、国家：此栏带有强制性，应详细显示出口商的地址，包括街道名、门牌号码等，我国的地名的英文译音在此采用汉语拼音。如 GUANGDONG（广东）、GUANGZHOU（广州）、SHANTOU（汕头）等。

（3）收货人的名称、地址、国家：该栏应显示给惠国最终收货人名称（即信用证上规定的提单通知人或特别声明的收货人），如最终收货人不明确，可填发票抬头人，但不可填中间转口商的名称。

（4）运输方式及路线（就所知而言）：此栏应显示在海运、陆运或空运方式下的装货港（地）、卸货港（地）及运输路线，如经转运，应注明转运港（地），此外还得显示预定自中国出口的日期，日期必须真实，不得捏造。

对输往内陆给惠国的商品，如瑞士、奥地利，由于这些国家没有海岸，因此如是海运，都须经第三国，再转运至该国，填报时也会相应注明。例如："ON/ABOUT MAY 25, 2006 FROM GUANGZHOU TO SAN FRANCISCO VIA HONGKONG BY VESSEL, IN TRANSIT TO SWEITZERLAND"。

（5）供官方使用：此栏由签证当局填写，申请签证的单位应将此栏留空。

正常情况下此栏空白。特殊情况下，签证当局在此栏加注，如：①签发"后发"证书时，即货物已出口，签证日期迟于出货日期，此栏盖上"ISSUED RETROSPECTIVELY"红色印章；②签发"复本"证书时，即证书遗失、被盗或损毁，此栏盖上"DUPLICATE"红色印章，在此栏注明原证书的编号和签证日期，并声明原发证书作废，其文字是"THIS CERTIFICATE IS IN REPLACEMENT OF CERTIFICATE OF ORIGIN NO. ××× DATED ××× WHICH IS CANCELLED"。

（6）商品顺序号：如同批出口货物有不同品种，则按不同品种、发票号等分列"1"、"2"、"3"……，以此类推。当出口货物仅为单项商品，则此栏显示"1"。

（7）唛头及包装号：此栏显示的是此栏显示卖方所交付货物的运输标志。

需要注意的是：应按照出口发票上所列唛头填写完整图案、文字标记及包装号码，不可简单地填写"按照发票（AS PER INVOICE NO. ...）"，或者"按照提单（AS PER B/L NO. ...）"。货物无唛头，此栏不得留空，应填写 N/M（NO MARK）。

（8）商品名称、包装数量及种类：此栏显示的是卖方所交付货物的名称，不得用概括性表述，包装数量及种类要按具体单位填写，包装数量应在阿拉伯数字后加注英文表述（如样单显示）。另外，本栏的末行要打上表示结束的符号（＊＊＊＊＊＊），以防加添内容。

（9）原产地标准：此栏显示卖方所交付货物是完全自产品，不含任何进口成分。

此栏用字最少，却是国外海关审核的核心项目。对含有进口成分的商品，因情况复杂，国外要求严格，极易弄错而造成退证查询，应认真审核、慎重填具。现将填写该栏原产地标准符号的一般规定说明如下：

① 完全原产品，不含任何进口成分，出口到所有给惠国，填“P”。

② 含有进口成分的产品出口到欧盟、挪威、瑞士和日本，填“W + HS”，即在 W 后加上出口产品的商品编码，如：“W”6102. 4223。

③ 含有进口成分的产品出口到加拿大，填“F”。条件：进口成分的价值未超过产品出厂价的 40%。

④ 含有进口成分的产品出口到波兰，填“W + HS”，即在 W 后加上出口产品的商品编码，如：“W”6102. 4223。条件：进口成分的价值未超过产品离岸价的 50%。

⑤ 含有进口成分的产品出口到俄罗斯、乌克兰、白俄罗斯、哈萨克斯坦、捷克、斯洛伐克六国，填“Y”，其后加上进口成分价值占该产品离岸价格的百分比，如“Y”38%。条件：进口成分的价值未超过产品离岸价的 50%。

⑥ 输往澳大利亚、新西兰的商品，此栏可以留空。

（10）毛重或其他数量：此栏显示的是卖方所交付货物的数量及商品的计量单位。如出口货物是以重量计算的则填毛重，只有净重的，则填净重亦可，但要标明净重。例如：“N. W. 400KGS”。

（11）发票号码及日期：此栏显示的是卖方所申请出口货物的商业发票号码及日期。该栏日期应早于或同于实际出口日期，此栏不得留空。

（12）签证当局的证明：证明内容已事先印制，内容为：“兹证明出口商的声明是正确无误的，本批货物已由承运人出运。”

在我国，FORM A 只能由中华人民共和国出入境检验检疫局签发，授权签发人在相应位置签字并加盖检验检疫局印章，签字和盖章不得重合（只签一份正本，副本不予盖章），同时填写签证日期、地点，注意该签发日期不得早于发票日期和申请日期。

（13）出口方申明：内容为：“兹由出口商声明以上所列内容正确无误。”

在生产国横线上显示货物原产于“CHINA”，进口国横线上显示最终进口国，进口国必须与第三栏目的港的国别一致，如“JAPAN”。凡货物运往欧盟 27 国范围内（截至 2009 年 1 月），进口国不明确时，进口国可填“EU”。

申请单位应在该栏相应位置由已在签证机构注册备案的人员签字并加盖有中英文的申请单位印章，盖章时应避免覆盖进口国名称和手签人姓名，同时填写申领地点和日期，该栏日期不得早于发票日期。

注意：本证书一律不得涂改，证书不得加盖校对章。

样单 5－7：普惠制原产地证书格式 A

ORIGINAL

1. Goods consigned from (Exporter's business name, address, country) （2）

GUANGDONG TEXTILES IMP. AND EXP. CORPORATION 27, DEZHENG ROAD, GUANGZHOU, CHINA

Reference No. （1）
GZ2/50665/5111

GENERALIZED SYSTEM OF PREFERENCES
CERTIFICATE OF ORIGIN
(Combined declaration and certificate)
FORM A
issued in THE PEOPLE'S REPUBLIC OF CHINA
(COUNTRY)

See Notes overleaf

2. Goods consigned to (Consignee's name, address, country) （3）

SAKATACHI CORPORATION
OSACY SECTION
OSAKA, JAPAN

3. Means of transport and route (as far as known) （4）

ON OR ARTER MAY 25, 2006
FROM GUANGZHOU TO OSAKA BY VESSEL

4. For official use （5）

5. Item number （6）	6. Marks and numbers of packages （7）	7. Number and kind of packages; description goods （8）	8. Origin criterion (see Notes overleaf) （9）	9. Gross weight or other quantity （10）	10. Number and date of invoices （11）
1	ITOCHU OSAKA NO.1-800	EIGHT HUNDRED（800）CTNS OF 100% PURE COTTON TOWEL ************************************	"P"	4000KGS	TS0025 MAY 20, 2006

11. Certification （12）
It is hereby certified, on the basis of control carried out, that the declaration by the exporter is correct.

ENTRY-EXIT INSPECTION AND QUARANTINE BUREAU · THE PEOPLE'S REPUBLIC OF CHINA · 中华人民共和国 广州 出入境检验检疫局 FORM A

GUANGZHOU MAY 20, 2006 黄俊
Place and date, signature and stamp of certifying authority

12. Declaration by the exporter （13）
The undersigned hereby declares that the above details and statements are correct; that all the goods were produced in

CHINA
(country)

and that they comply with the origin requirements specified for those goods in the Generalized System of Preferences for goods exported to

JAPAN
(importing country)

GUANGDONG TEXTILES IMPORT & EXPORT CORPORATION 广东纺织品进出口公司

GUANGZHOU MAY 20, 2006 陈仲
Place and date, signature of authorized signatory

七、包装单据

（一）包装单据的作用

（1）是商业发票的补充，是缮制其他单据时计量、计价的基础资料。

（2）是进口商清点数量或重量以及销售货物的依据。

（3）是海关查验货物的凭证。

（4）是公证或商检机构查验货物的依据。

（二）包装单据的内容（参照样单5-8）

信用证范例单据条款（46A）第7条规定："PACKING LIST IN 3 FOLD PACKING LIST IN 3 FOLD."

（1）出票人的名称与地址：信用证方式下显示信用证中的受益人，如是汇付和托收方式则显示买卖合同中的卖方。

（2）单据的名称：包装单据的种类较多，出口商根据交易商品不同而出具不同的包装单据，有时进口商对同一批商品也会提出突出某一方面要求的包装单据，常见的名称如下：装箱单（Packing List/Note）、包装明细单（Pacing Specification）、详细装箱单（Detailed Packing List）、重量单（Weight List/Note）、磅码单（Weight Memo）、尺码单（Measurement List）、装箱/重量单（Packing List and Weight List）、重量/尺码单（Weight List and Measurement）。

（3）装箱单抬头：信用证方式下显示信用证中的开证人，如是汇付和托收方式则显示买卖合同中的买方。

（4）发票号码：与商业发票一致，装箱单作为发票的补充不另编号。

（5）日期：此栏显示的是发票的日期。

（6）合同号码：此栏显示的是买卖双方签订的销售合同的号码。

（7）运输资料：此栏显示的是装运港、目的港以及运输方式等内容，与发票显示内容一致。

（8）唛头：此栏显示卖方所交付货物的运输标志，与发票显示内容一致。

（9）数量：此栏显示卖方所交付货物的包装数量。

（10）货名：此栏显示货物的名称、具体的规格及相应的货物数量。

（11）净重：此栏显示不同种类、不同规格的交付货物的单位净重和总净重。

（12）毛重：此栏显示不同种类、不同规格的交付货物的单位毛重和总毛重。

（13）尺码：此栏显示不同种类、不同规格的交付货物的单位尺码和总尺码。

（14）此栏显示卖方交付货物的总包装数量（大写）。

样单 5－8：装箱单

(1)

广东纺织品进出口公司

GUANGDONG TEXTILES IMP. AND EXP. CORPORATION

27 DEZHENG ROAD,GUANGZHOUCHINA

(2)

装 箱 单

PACKING LIST

ORIGINAL

To: (3)

SAKATACHI CORPORATION
OSACY SECTION
OSAKA, JAPAN

INVOICE NO.: TS0025 (4)
DATE : MAY 20, 2006 (5)
S/C NO. : SHT107 (6)

Transport details: (7)

FROM GUANGZHOU TO OSAKA BY VESSEL

标记 Marks & numbers	数量 Quantity	货名 Description of goods		净重 N.W.	毛重 G.W.	尺码 Measurement
(8)	(9)	(10)		(11)	(12)	(13)
	10PCS/CTN	100% PURE COTTON TOWEL		3KGS/CTN	5KGS/CTN	(20×20×30)CM/CTN
ITOCHU	300CTNS	F2388(0427)	3000PCS	900KGS	1500KGS	3.6CBMS
OSAKA	300CNTS	T4939(0428)	3000PCS	900KGS	1500KGS	3.6CBMS
NO.1-800	200CTNS	K5306(0429)	2000PCS	600KGS	1000KGS	2.4CBMS
	800CTNS			2400KGS	4000KGS	9.6CBMS

TOTAL QUANTITY: 8000PCS
TOTAL: EIGHT HUNDRED CARTONS ONLY. (14)

GUANGDONG TEXTILES IMP. AND EXP. CORPORATION

八、装运通知

（一）装运通知的作用

根据《2000年国际贸易术语解释通则》，当买卖双方以FOB、CFR、CIF或FCA、CPT、CIF术语成交时，卖方有义务在装船后及时提供装运通知，尤其是以FOB、CFR或FCA、CPT术语成交时，买方只有得到卖方发出的装运通知后才能办理货物运输保险。

买方为了避免卖方疏忽而造成漏保，通常在合同和信用证中明确规定卖方应及时发出装运通知，而装运通知的副本通常也成为提交银行办理议付或结汇的单据之一。

（二）装运通知的内容（参照样单 5－9）

装运通知的制作并无标准，只要通知的内容能够满足进口商向保险公司办理货物运输保险手续的需要即可，有时进口商会在合同或信用证中详细规定装运通知的内容。

信用证单据条款（46A）第 8 条规定："SHIPMENT ADVICE IN FULL DETAILS INCLUDING NAME OF COMMODITY, SHIPPING MARKS, CARTON NUMBERS, VESSEL NAME, B/L NUMBER, INVOICE VALUE AND DATE OF SHIPMENT, PORT OF LOADING, PORT OF DESTINATION MUST BE SENT TO APPLICANT BY FAX WITHIN 3 DAYS AFTER SHIPMENT."

（1）制作人名称及地址：信用证方式下显示信用证中的受益人，如是汇付和托收方式则显示买卖合同中的卖方。

（2）单据名称：此处通常显示为"SHIPPING ADVICE"或"ADVICE OF SHIPMENT"，如是信用证方式，按信用证规定制作。

（3）装运通知抬头人：此栏显示抬头人的名称和地址，信用证方式下通常显示信用证中的开证人，如是汇付和托收方式则显示买卖合同中的买方。

（4）商品名称：此栏显示的是保险货物的名称。信用证支付方式下，可以使用与信用证规定不矛盾的货物统称。

（5）包装及数量：此栏显示的是保险货物的包装数量及种类。

（6）提单号码：此栏显示提单的号码。

（7）船名：此栏显示的是装运货物的运输工具的名称及航次。

（8）发票价值：此栏显示的是卖方交付货物的发票价值，是买方计算保险金额的基础。

（9）装运时间：此栏显示的是货物的装船日期。

（10）装运港：此栏显示的是货物装船起运的港口名称，与提单一致。

（11）卸货港：此栏显示的是货物卸离运输船舶的港口名称，与提单一致。如货物需转运，还需显示转运港的名称，如"NEW YORK W/T HONGKONG"。

样单 5 -9：装运通知

（1）

广东纺织品进出口公司

GUANGDONG TEXTILES IMP. AND EXP. CORPORATION

27 DEZHENG ROAD,GUANGZHOUCHINA

（2）

SHIPPING ADVICE

TEL: 020-85656562
FAX: 020-85656563

INV NO.：TS0025
S/C NO.：SHT107
L/C NO.：ABL-AN107

TO MESSRE:（3）
SAKATACHI CORPORATION,
OSACY SECTION，OSAKA,JAPAN

DEAR SIRS:

WE HEREBY INFORM YOU THAT THE GOODS UNDER THE ABOVE MENTIONED CREDIT HAVE BEEN SHIPPED ON BOARD. THE DETAILS OF THE SHIPMENT ARE STATED BELOW.

1) NAME OF COMMODITY:	（4）	100% PURE COTTON TOWEL	SHIPPING MARKS:
2) CARTON NUMBERS:	（5）	800CTNS	
3) VESSEL NAME:	（6）	SHENZHEN V.252	ITOCHU
4) B/L NUMBER:	（7）	TTCUSH6593255	OSAKA
5) INVOICE VALUE:	（8）	USD8500.00	NO.1-800
6) TIME OF SHIPMENT:	（9）	MAY 25, 2006	
7) PORT OF LOADING:	（10）	GUANGZHOU	
8) PORT OF DESTINATION:	（11）	OSAKA	

GUANGDONG TEXTILES IMP. & EXP. CORPORATION

九、受益人证明书

受益人证明书是一种由受益人自己出具的证明，用以证明自己已经履行了信用证规定的任务，如已按要求寄单，或证明所交付货物品质符合要求等，通常在信用证支付方式下使用。

（一）受益人证明书种类

（1）寄单寄样证明：指受益人根据信用证的规定，在规定时间内将要求的单据或样品寄送给开证人，并开立证明书交银行作为议付单据。

（2）履约证明：指受益人证明自己已按开证申请人的要求完成某项工作或证实某件事情，并达到了开证申请人的要求或进口国的有关规定。

（3）其他方面证明：有时进口商还要求出口商证明产品制造过程，或证明环保、人权等达到某项标准，如非童工、非狱工制造等。

（二）受益人证明书的内容（参照样单 5 – 10）

受益人根据信用证要求的不同出具不同内容的证明书，其制作并无标准，只要符合信用证要求即可。一份受益人证明书通常有以下几项内容：

信用证范例单据条款（46A）第 9 条规定："BENEFICIARY'S CERTIFICATE STATING THAT ONE SET OF COPY SHIPPING DOCUMENTS HAS BEEN SENT DIRECTLY TO THE APPLICANT BY FAX."

（1）制作人名称及地址：此栏显示受益人的名称、地址。

（2）单据名称：一般显示为"BENEFICIARY'S CERTIFICATE"或信用证规定的其他名称。

（3）抬头人：此栏显示的是信用证的开证申请人。

（4）参考号：此栏显示以发票号码和信用证号码作为证明书的参考号。

（5）证明内容：此栏显示的是"兹证明我司已将一套装运通知直接传真给开证申请人。"

（6）受益人名称及签字：此栏显示受益人名称及授权人签字。根据《关于审核跟单信用证项下单据的国际标准银行实务》的规定："即使信用证没有要求，汇票、证明和声明自身的性质决定其必须有签字。"受益人证明书必须签字后才能提交给银行以办理议付。

样单 5 – 10：受益人证明书

(1)

广东纺织品进出口公司

GUANGDONG TEXTILES IMP. AND EXP. CORPORATION

27 DEZHENG ROAD,GUANGZHOUCHINA

(2)

BENEFICIARY'S CERTIFICATE

MAY 30, 2006

(3)　　　　　　　　　　　　　　　　　(4)

TO: SAKATACHI CORPORATION,　　　　RE: INVOICE NO.: TS0025

OSACY SECTION, OSAKA, JAPAN　　　　L/C NO.: ABL-AN107

(5)

WE HEREBY CERTIFY THAT ONE SET OF COPY SHIPPING DOCUMENTS HAS BEEN SENT DIRECTLY TO THE SAKATACHI CORPORATION BY FAX.

(6)

GUANGDONG TEXTILES IMP. AND EXP. CORPORATION

广东纺织品进出口公司

第六章
国际结算的风险控制

国际结算业务是通过两国银行办理的由贸易或非贸易引起的债权债务的清偿，它以国际贸易为前提，又是商业银行的一项基础业务，类属中间性业务。由于国际结算本身有国际性、科学性、融资性、知识性和惯例多、发展快等特点，所以国际结算中产生的风险具有以下特点：涉及范围的国际性、结算方式与结算工具的相关性、与融资活动的相伴性、形成原因的多样性、表现手段的欺诈性、防范过程的复杂性。国际结算的风险是指在国际货币收支调节过程中由于技术、经营和管理上的问题而引起的一系列可能发生的风险。国际结算过程存在多重风险，但风险不等于损失；操作得当，风险可以预防，可以转化为收益；操作不当，风险即会成为损失。同时，国际结算涉及国家金融管理的有关法令、外汇管理条例、国际惯例与准则、银行信誉、银企责任及业务的具体操作等方面，比较复杂。

第一节　国际结算中可能存在的风险

一、票据结算存在的风险及防范

（一）票据结算存在的风险

票据是国际结算的重要支付凭证，它包括汇票、本票、支票三种，其中使用最为广泛的是汇票。目前使用的许多国际结算方式都是在汇票基础上发展起来的。通过银行转让票据，使国际贸易双方的债权债务得以清偿。因而票据就代表金钱。正因为这一点，国内外不法分子利用假票据及有关银行支付凭证对我国进行诈骗。其类型主要有以下几种：

（1）伪造大额银行汇票导致的风险。由于国外票据种类繁多，性质各异，再加上国内居民接触的国外票据不多，一些诈骗分子常常利用伪造的银行票据进行诈骗。曾有这样一个案例：一港商交来500万元的银行远期汇票一张，客户要求贴现汇兑，两周内完成。银行工作人员在验票时发现该汇票由日本某财务中心开出，受益人为河南某公司，付款期限为一年，指定美国洛杉矶大和银行付款，但汇票无银行汇票字样，也无银行承兑字样。经与大和银行北京代表处联系，确认洛杉矶大和银行既没有为这家单位开户也没有签发过或承兑这张汇票，证明该汇票系伪造。

（2）将起初票据注销产生的风险。国外的不法商人利用起初的票据（主要是支票）在国内交我方银行验票确认，骗取货物；而后利用交货与国外收款之间的几天时间将账户内存款转走，并注销账户，使其成为空头支票。

（3）伪造大额存款凭证及金融债券带来的风险。

票据存在的风险，从票据表面看一般有以下特点：持票人签字涂改、假冒；支票被止付或丢失，甚至已作废；票据的银行名称、印鉴伪造；出票不符合惯例等。

（二）票据结算中的风险防范

（1）对于资信不好的客户交来的票据要仔细审查，了解票据的来源和用途，有疑问的要确认后再处理。

（2）对于票据表面的真实性进行认真审核，如签字、印章是否规范，金额、日期、收款人是否被涂改，期限是否过期，流通区域有无限制，是否已被挂失、注销等。对于金额较大的票据要查出票银行，核实其真实性。

（3）企业在收到国外票据时，应及时交银行审验或托收票款。

二、托收结算存在的风险及风险防范

（一）托收结算存在的风险

托收是由出口商开出汇票委托出口地银行通过其在进口地的联行或代理行向进口商收取货款的结算方式。由于托收结算方式是一种商业信用，其信用保证较差，会给进出口商尤其是给出口商带来损失。但是由于国际市场上买方市场取代了卖方市场，有些进口商不愿到银行申请开立信用证，因此，出口商只能接受托收结算方式。国际贸易结算中的跟单分为付款交单方式和承兑交单方式。一般来说，承兑交单方式由于其收款安全系数小，许多企业都采用付款交单方式。多年来，人们都认为付款交单方式比承兑交单安全，其实，付款交单也有风险，这种风险我们称为“国别习惯风险”，即有的国家的商业银行强调“当地习惯”，强行把付款交单改为承兑交单，尤其是远期付款交单中，其结果必然是延期收款甚至收不到款。

（二）对托收结算风险的防范措施

（1）做好对进口商的资信调查，根据进口商的资信能力确定适当的授信额度和托收方式，并尽可能争取自己投保险。

（2）要在托收委托书中明确指示，如进口商全称和详细地址、交单条件、拒付证书及拒付后的货物处理、指定需要时的代理等，以免钱货两空。

（3）尽量选择即期付款方式，对于有些国家所谓的“当地习惯”，应视情况在托收委托书中注明“买方应在第一次提示时即行付款”或要求对方代收行将付款交单作承兑交单处理时，进口商承兑汇票应加代收行担保，才能放单。

三、信用证结算的风险及风险防范

（一）信用证结算存在的风险

信用证是商业银行应进口商的要求，对出口商开出的承诺在一定条件下保证付款的信用文书。其要义为：①信用证是银行有条件的付款承诺。这个条件便是出口商必须交来符合信用证条款规定的单据。②开证行负第一性的付款责任。开证行开出信用证，就是主债务人，有义务按规定付款。③信用征是一项独立文件，不依附于贸易合同。以合同为依据而开立的信用证，一旦开出就是一分独立文件，各有关当事人只受信用证条款约束，不受贸易合同约束。④信用证业务以单据为准，不以货物为准。银行处理的是单据业务，而不是货物，对货物质量优劣、途中受损、是否达到目的港概不负责，只要客户交来符合信用条款的单据，银行就必须对外付款。正是因为信用证具有这项特征，才为各国商家广泛采用。

在我国国际结算业务中，主要以信用证方式为主，因而在信用证业务中问题最多。主要种类有：

（1）伪造信用证诈骗的风险。这类信用证是假的，目的是为了骗取我方货物。其特点为：电开信用证没有密押，缺少主要条款或主要条款自相矛盾，假借国际上的著名银行开证等。

（2）出口商伪造单据或涂改信用证形成的风险。出口商钻《UCP600》的空子，在根本没有发货的情况下，持伪造的单据向银行议付，取得货款后逃之夭夭。近年来，有的国外出口商还擅自将我国银行开出的信用证涂改成实质为保函的备用信用证进行诈骗。

（3）"软条款"信用证风险。这是指对方开出的信用证是起初的，但在信用证的条款中存在着开证行可以单方面解除责任或使出口商无法履约或钱货两空的条款。已发现的这类信用证有以下几种：第一种，有条款说明该信用证暂不生效或是待签发某一类凭证（如进口许可证）后才生效。那么，如果国外进口商不同意生效或领不到该证，则信用证如同废纸。第二种，有条款规定某一种表明货物质量、结构、数量状况的证书（如品质分析证、卫生检验证、合格证）须由对方派专家检查后出具，或须与开证和存档的鉴样相符等。那么，如果对方不派人来检查或来检查后百般挑剔等，都将使我国出口商无法履约。第三种，有条款说明受益人可以于货物装船后立即取得正本提单和保险单，就可以立即用正本提单提货，即使货在途中遇险，也可以凭保险单索赔，而我方出口公司则一定是钱货两空。

（4）国内企业以信用证套取打包贷款带来的风险。国内有的企业为了套取银行利率优惠的打包贷款，串通国外企业，由国外企业通过银行开出事实上不履行的信用证，由于国内企业并没有实际出口货物和履行信用证，因而打包放款的安全性没有了保障，自然到期难以偿还。

（二）信用证风险的防范对策

（1）在出口贸易结算中，要审核国外开证行的资信，尤其是对那些政治和经济局势不稳、外汇管理较松的国家的开证行，更要谨慎从事。对于风险较大的开证行开具的信用证，我国银行一般不宜做打包放款、押汇融资业务，如果出口商坚持融资，可以请求国际上知名的大银行加具保兑。

（2）在出口贸易结算中，审核国外开来的信用证。审核内容有：①核对信用证的印鉴或密押，以核对信用证的表面真实性。②审核信用证有无保兑。一般来说，对于保兑信用证，也要看保兑银行的资信。③审核信用证的有效性，看信用证是否生效，有效期是否过短，有效地址是否在我国境内等。一般来说，有效地址在我国境内的为好。④审核信用证条款是否与合同各款一致。如果与合同条款不一致，且又对我方不利，应该要求国外进口商通过银行开来修改书。⑤审核信用证条款中有无我方很难甚至无法办到的条款。如果存在这类条款，同样要对方修改，否则我方出口公司不仅要承受货物无法及时出口的损失，还要承担违约责任。⑥审核信用证条款中有无"软条款"存在，以免到时使出口企业钱货两空。

（3）在进口贸易结算中，我国进口商要谨慎审核国外出口商的资信。在实际情况中，许多诈骗案件都是由于对国外客户的资信了解不够所致。

（4）在进口贸易结算中，要谨慎合理地制定信用证条款。信用证条款不能与合同矛盾，但可以相互补充。在实际情况中，可以在不违反合同基本规定的前提下适当增加若干条款。如为防止国外出口商以次充好，可在信用证条款中规定对方出具SGS检验证书或对方国家官方机构检验证书，证明内容包括货物品质、数量、包装等；为了防止出口商短装货物，还可以要求对方出具的检验证书必须表明是在装船时进行的。同时，在收到议付单据时，还可请我国驻外领事馆商务人员或有关国际机构人员到起运港查询是否在那一天有该货船运货出航。

四、进口远期信用证结算存在的风险及风险防范

（一）远期信用证结算存在的风险

近年来，由于国内企业的资金相对紧张，在进口贸易中往往采用远期信用证方式进行结算。在某些分行的国际业务部，进口结算部门开出的大额远期信用证占银行的对外开证比重越来越大，这既有企业资金紧张的因素，也有银行利益驱使的因素。从实际情况看，这种银行为赚取业务费而开出的远期信用证暴露出越来越多的问题，有的已经导致银行外汇资产严重不良，甚至影响我国银行的国际形象和信誉。

1. 企业不讲信誉形成的风险

由于市场竞争激烈，有的商业银行国际服务部为了拉客户，尤其是大额结算业务，一般只要求客户交比例较低的开证保证金就对外开证，开证行在收到国外议付行的单据后，审核无误就必须承兑国外出口商的远期汇票，向国内进口企业放单。这样，一旦远期汇票到期，银行必须无条件对外付款，如果届时进口企业不能履约偿债，风险就全由开证行承担。

2. 进口货物纠纷形成的风险

在进口远期信用证结算中，进口企业取得全套单据领取进口货物，发现货物质量比合同规定的差或数量不足，往往会自觉向法院起诉，由法院向银行下达止付令。这样，就把银行陷入两难境地，如果执行法院裁决，则会违反国际惯例，影响国际声誉，使无形资产受损失；如果遵循国际惯例，则会违抗法院裁决，后果严重，到头来受损的肯定是银行。

3. 补偿贸易中企业不能履约形成的风险

在补偿贸易中，有时企业进口大宗原料进行加工、生产，再把成品出口到国外，其间有许多环节，万一其中某个环节出了问题，如原料或成品运输、仓储遭受自然危害、出运交货装船延期等，都会造成违约而不能及时收汇。在这种情况下，银行肯定要承担远期信用证风险，到时对外付款，而企业即使想偿还远期信用证项下的货款也无能为力了。

4. 对外借款到期不还形成的风险

有些远期信用证没有进出口贸易的背景，仅仅是为了对外借款，这类远期信用证风险最大。近几年来有一种看法，认为国际金融市场上利率低，从国外银行借入外汇到国内换成人民币使用划算。事实上，也确实有一些企业和银行在利用这一途径发财。然而市场经济竞争是激烈的，企业经营本身充满风险，银行为企业垫款进行对外付款的风险很大，远

期信用证的期限越大，越有可能出现问题；金额越大，承担的风险也越大。

5. 银行违规操作形成的风险

严格遵循国际惯例是进出口企业、银行的基本原则。只有遵循国际惯例，才能在国际上树立良好的信誉和形象，才能开展业务，在市场竞争中立足发展。一般来说，我国银行在办理国际业务时作风是稳健的，但也有违规现象发生，应当引起注意。

（二）远期信用证结算风险防范对策

1. 严格开证审核审批制度

我国商业银行都有授信管理制度，但在实际中有的地方采取了化整为零的办法办理对外开证。因而有必要严格规范远期信用证的开立程序和监督制度。如严禁开立融资性远期信用证等。

2. 严格申请开证企业的担保抵押

对外开立远期信用证，从理论上说应收取 100% 的保证金，其他部分通过担保或抵押来解决。对于信用担保，一般只接受金融企业的担保和实力雄厚、信誉很好的企业担保。对于抵押，要认真审核其真实性、合法性、流动性，并办理公证、登记转让、过户等手续，最好是投足保险。因为在实际情况中，担保单位担而不保，抵押物无法变现的情况是常见的。

3. 强调商业银行应稳健经营

不管是远期信用证还是即期信用证，或是其他结算方式，都要按程序办事，遵循国际惯例，自觉维护我国银行的国际声誉和形象。

第二节 国际结算中几种主要的风险控制方法

一、备用信用证

（一）备用信用证的概念

备用信用证是一种特殊形式的信用证，是开证银行对受益人承担一项义务的凭证。备用信用证（Standby Credit Letter），又称担保信用证、履约信用证或商业票据信用证，它是开证行根据申请人的请求，对受益人开立的承诺承担某项义务的凭证，即开证行保证在开证申请人未履行其应履行的义务时，受益人只要按照备用信用证的规定向开证银行开具汇票（或不开汇票），并提交开证申请人未履行义务的声明或证明文件，即可取得开证行的偿付。备用信用证属于银行信用，开证行保证在开证申请人不履行其义务时，即由开证行付款。如果开证申请人履行了约定的义务，该信用证则不必使用。因此，备用信用证对于受益人来说，是备用于开证申请人发生违约时取得补偿的一种方式，其具有担保的性质。同时，备用信用证又具有信用证的法律特征，它独立于作为其开立基础的交易合同，开证行处理的是与信用证有关的文件，而与交易合同无关。综上所述，备用信用证既具有信用证的一般特点，又具有担保的性质。

1995 年 12 月，联合国大会通过了由联合国国际贸易法委员会起草的《独立担保和备用信用证公约》；1999 年 1 月 1 日，国际商会的第 590 号出版物《国际备用信用证惯例》

（简称《ISP98》）作为专门适用于备用信用证的权威国际惯例，正式生效实施。根据《ISP98》所界定的“备用信用证在开立后即是一项不可撤销的、独立的、要求单据的、具有约束力的承诺”，作为专门规范备用信用证的《ISP98》，除了让其独立存在之外，修订时要考虑的还有《UCP600》是否仍有必要涉及备用信用证。最终多数意见是备用信用证仍然可以继续适用《UCP600》。根据《UCP600》第一条关于统一惯例的适用范围的规定，《跟单信用证统一惯例》（2007 年修订本，国际商会第 600 号出版物）适用于所有在正文中标明按本惯例办理的跟单信用证（包括本惯例适用范围内的备用信用证）。除非信用证中另有规定，本惯例对一切有关当事人均具有约束力。

（二）备用信用证的性质

1. 不可撤销性

除非在备用信用证中另有规定，或经对方当事人同意，开证人不得修改或撤销其在该备用证下的义务。

2. 独立性

备用信用证下开证人义务的履行并不取决于以下条件：①开证人从申请人那里获得偿付的权利和能力；②受益人从申请人那里获得付款的权利；③备用信用证中对任何偿付协议或基础交易的援引；④开证人对任何偿付协议或基础交易的履约或违约情况的了解与否。

3. 跟单性

开证人的义务要取决于单据的提示，以及对所要求单据的表面审查。

4. 强制性

备用信用证在开立后即具有约束力，无论申请人是否授权开立，开证人是否收取了费用，或受益人是否收到因信赖备用信用证或修改而采取了行动，它对开证行都是有强制性的。

（三）备用信用证与一般信用证的区别

（1）一般信用证仅在受益人提交有关单据证明其已履行基础交易义务时，开证行才支付信用证项下的款项；备用信用证则是在受益人提供单据证明债务人未履行基础交易的义务时，开证行才支付信用证项下的款项。

（2）一般信用证开证行愿意按信用证的规定向受益人开出汇票及单据付款，因为这表明买卖双方的基础交易关系正常进行；备用信用证的开证行则不希望按信用证的规定向受益人开出汇票及单据付款，因为这表明买卖双方的交易出现了问题。

（3）一般信用证，总是货物的进口方为开证申请人，以出口方为受益人；而备用信用证的开证申请人与受益人既可以是进口方也可以是出口方。

（四）备用信用证的种类

备用信用证通常用作履约、投标、还款的担保业务。按照用途的不同，备用信用证主要可分成以下几种：

（1）履约备用信用证（Performance Standbr L/C）。

用于担保履行责任而非担保付款，包括对申请人在基础交易中违约所造成的损失进行赔偿的保证。在履约备用信用证有效期内如发生申请人违反合同的情况，开证人将根据受益人提交的符合备用信用证的单据（如索款要求书、违约声明等）代申请人赔偿保函规定的金额。

（2）投标备用信用证（Tender Bond Standby L/C）。

用于担保申请人中标后执行合同的责任和义务。若投标人未能履行合同，开证人须按备用信用证的规定向受益人履行赔款义务。投标备用信用证的金额一般为投标报价的1% ~5%（具体比例视招标文件规定而定）。

（3）预付款备用信用证（Advance Payment Standby L/C）。

用于担保申请人对受益人的预付款所应承担的责任和义务。预付款备用信用证常用于国际工程承包项目中业主向承包人支付的合同总价10% ~25%的工程预付款，以及进出口贸易中进口商向出口商支付的预付款。

（4）直接付款备用信用证（Direct Payment standby L/C）

用于担保到期付款，尤指到期没有任何违约时支付本金和利息。直接付款备用信用证主要用于担保企业发行债券或订立债务契约时的到期支付本息义务。直接付款备用信用证已经突破了备用信用证备而不用的传统担保性质。

案例分析

案情：S银行拟凭B银行开立的以S银行为受益人的备用信用证向D客户提供100万美元的信贷。S银行因缺少B银行的印鉴本，便去B银行悉尼分行核对。尽管在核对过程中双方还有争议，但毕竟在信用证签注了“印鉴相符，B银行”的字样，落款是B银行分行的两位职员的签字。然后，S银行凭持有的B银行悉尼分行的印鉴本核对了这两位职员的签字，完全相符。就此，D客户从S银行取得了100万美元。不久，S银行为信用证的一些小修改和B银行联系时，B银行否认曾经开立过此证，并表示对该信用证不承担任何责任。因而，S银行要求凭信用证支取100万美元时遭到B银行的拒付。B银行声称该信用证是伪造的，而且信用证上某些内容也足以引起S银行的警觉。S银行反驳称，印鉴经核对相符，说明信用证是真实的，为此B银行应对该证负责。请问：在此案中，B银行是否应对该证负责?

分析：本案争执的焦点是备用信用证的真伪，以及伪造备用信用证项下“开证行”与受益人之间的责任权益问题。信用证与其他所有合同一样受同一的一般法律原则管辖。信用证不是流通工具。当提款权利的享受取决于某些行为的完成或某些事实的存在时，必须表明该行为的完成或该事实的存在。本案中B银行声称该信用证是伪造的，并提出：如果开证行与核对印鉴银行之间有代理关系，则核对印鉴可以是确定信用证真伪的合适方法，但实际上它与其悉尼分行并没有代理关系，因此，S银行曾到其悉尼分行核对过印鉴并不能证明本案的备用信用证是真实的。《UCP600》第3条规定：一家银行在不同国家的分支机构被视为不同的银行。据此，同一银行在各国的分支行虽然在组织上和管理上可能同属于它的总行，但在信用证业务中应被视为各自独立的银行。结合本案来说，S银行到B银行悉尼分行核对印鉴，并不能证明信用证是由B银行开立的，因为B银行与其悉尼分行在信用证业务中是独立的银行，且没有证据表明它们之间具有代理委托关系。如此，B银行与该信用证不存在法律意义上的关系，当然不能要求B银行对该证负责。

案例分析

案情：中国A公司与外国B公司签订补偿贸易合同，约定由A公司从B公司引进某条生产线，价格为1 000万美元，A公司以20%的现金及该生产线生产的产品作为价款，合同履行期限为4年。为了保证A公司履行合同，B公司要求A公司以备用信用证形式提供担保。A公司遂向国内C银行申请开立备用信用证，C银行根据A公司的委托，开出了一份以B公司为受益人，金额为800万美元的备用信用证。该信用证受《UCP600》的支配。在C银行开立的备用信用证的担保下，B公司与A公司间的补偿贸易合同生效。但是后来，A公司未能于合同规定的日期内履约。请问：B公司应如何使用经C银行开立的备用信用证？

分析：本案涉及一种特殊的信用证——备用信用证。备用信用证又称担保信用证履约信用证或商业票据信用证，它是开证行根据申请人的请求，对受益人开立的承诺承担某项义务的凭证，即开证行保证在开证申请人未履行其应履行的义务时，受益人只要按照备用信用证的规定向开证银行开具汇票（或不开汇票），并提交开证申请人未履行义务的声明或证明文件，即可取得开证行的偿付。B公司可签发汇票连同一份声明提交给C银行，要求其支付备用信用证项下的款项。C银行对B公司提交的汇票和声明进行审查后如认为“单证相符”，便可向B公司偿付800万美元。

二、银行保函

（一）银行保函的概念

国际贸易中，跟单信用证为买方向卖方提供了银行信用作为付款保证，但不适用于需要为卖方向买方作担保的场合，也不适用于国际经济合作中货物买卖以外的其他各种交易方式。然而在国际经济交易中，合同当事人为了维护自己的经济利益，往往需要对可能发生的风险采取相应的保障措施，银行保函，就是以银行信用的形式所提供的保障措施。

银行保函（Letter of Guarantee）又称银行保证书、银行信用保证书或简称保证书，是银行作为保证人向受益人开立的保证文件，它是指银行应委托人的申请而开立的有担保性质的书面承诺文件，一旦委托人未按其与受益人签订的合同的约定偿还债务或履行约定义务时，由银行履行担保责任。保函内容根据具体交易的不同而多种多样；在形式上无一定的格式；对有关方面的权利和义务的规定、处理手续等未形成一定的惯例。遇有不同的解释时，只能就其文件本身内容所述来做具体解释。

（二）银行保函的特点

银行保函在使用过程中，有以下特点：

（1）保函虽然依据商务合同开出，但并不依附于商务合同，而是具有独立的法律效力。当受益人在保函项下合理索赔时，担保行就必须承担付款责任，而不论委托人是否同意付款，也不管合同履行的实际事实。即保函是独立的承诺并且基本上是单证化的交易业务。

（2）银行信用作为保证，易于为合同双方接受。银行保函是银行开立的，一旦委托人未按其与受益人签订的合同的约定偿还债务或履行约定义务时，由银行履行担保责任。由于银行保函属于银行信用，故易于为合同双方接受。

（三）银行保函的当事人及其法律关系

银行保函业务中涉及的主要当事人有三个：委托人、受益人和担保银行；此外，往往还有反担保人、通知行及保兑行等。这些当事人之间形成了一环扣一环的合同关系，它们之间的法律关系如下：

（1）委托人与受益人之间基于彼此签订的合同而产生的债权债务关系或其他权利义务关系。此合同是它们之间权利和义务的依据，相对于保函协议书和保函而言是主合同，它是其他两个合同产生和存在的前提。如果此合同的内容不全面，会给银行的担保带来风险。因而银行在接受担保申请时，应要求委托人提供它与受益人之间签订的合同。

（2）委托人与银行之间的法律关系是基于双方签订的《保函委托书》而产生的委托担保关系。《保函委托书》中应对担保债务的内容和数额、担保种类、保证金的交存、手续费的收取、银行开立保函的条件和时间、担保期间、双方违约责任、合同的变更和解除等内容予以详细约定，以明确委托人与银行的权利义务。《保函委托书》是银行向委托人收取手续费及履行保证责任后向其追偿的凭证。因此，银行在接到委托人的担保申请后，要对委托人的资信、债务及担保的内容和经营风险进行认真的评估审查，以最大限度降低自身风险。

（3）担保银行和受益人之间的法律关系是基于保函而产生的保证关系。保函是一种单务合同，受益人可以凭此享有要求银行偿付债务的权利。在大多数情况下，保函一经开立，银行就要直接承担保证责任。

（四）银行保函的分类

1. 依保函的性质不同，可分为从属性保函和见索即付保函

（1）从属性保函。

从属性保函（Accessory Guarantee），是指将保函置于基础合同的从属地位，以合同条款为中心来判断保函项下的索赔是否成立。如果基础合同无效，银行的担保责任即告消失，并且如果委托人依法或依合同对受益人享有抗辩权，则担保行可以同样用来对抗受益人的索赔。由于保函是从属性的，所以担保银行的责任也是从属的，即银行承担第二性的付款责任。当委托人违约时，应由其本人首先承担责任，只有委托人不能承担责任时，受益人才能凭保函向担保行索赔。传统的保函业务及各国国内交易使用的保函大都属于这种保函。

（2）独立性保函。

独立性保函（也称见索即付保函）是指对由银行出具的，书面形式表示在受益人交来符合保函条款的索赔书或保函中规定的其他条件时，承担无条件的付款责任。

①见索即付保函的历史。见索即付保函是“二战”后为适应当代国际贸易发展的需要，由银行和商业实践的发展而逐步确立起来的，并成为国际担保的主流和趋势，原因主要在于：第一，从属性保函发生索赔时，担保银行须调查基础合同履行的真实情况，这是其人员和专业技术能力所不能及的，而且会因此被卷入合同纠纷甚至诉讼中。银行为自身利益和信誉考虑，绝不愿意卷入复杂的合同纠纷中，使银行的利益和信誉受到损坏，而趋向于使用见索即付保函。第二，见索即付保函可使受益人的权益更有保障和更易于实现，可以避免保函委托人提出各种原因（如不可抗力、合同不能履行等）来对抗索赔请求，可确保其权益不至于因合同纠纷而受到损害。

②见索即付保函的特征。见索即付保函与我国国内经常使用的保证合同有着重要区别，它有以下特征：

第一，见索即付保函具有独立性。虽然担保人是依照基础合同的一方当事人申请，向基础合同的另一方当事人作出见索即付的承诺，但一旦见索即付保函生效，担保人与受益人之间的权利义务关系就完全以保函中所记载的内容为准，而不再受基础合同的影响。只要受益人按照保函的要求提交了索赔文件，担保人必须付款。担保人不得主张先诉抗辩权，也不能以基础合同的债务人的抗辩理由来对抗受益人。即使基础合同的债务人已经履行了合同义务或者基础合同已经因其他原因中止，担保人的责任也不能随之解除。只有在保函本身的有效期过后，担保人才能解除担保责任。相反，通常使用的保证合同具有从属性，主合同无效，作为从合同的保证合同亦无效。

第二，见索即付保函具有无条件性。受益人只要提交了与保函中的约定相符合的索赔文件，担保人即应付款。担保人并不审查基础合同的履行情况，担保人的付款义务的成立也不以委托人在基础合同履行中违约为前提。而通常使用的保证合同保证人，其承担保证责任是以基础合同中主债务人违约为前提，保证人可以行使主债务人的抗辩权，即使主债务人本人放弃抗辩权，保证人亦可以行使抗辩权而不受影响。

③见索即付保函中银行的责任。

第一，担保银行仅负有对保函规定的单证在表面上进行谨慎审查的义务。根据国际商会1992年公布的《见索即付保函统一规则》和联合国1995年签订的《联合国独立性保函与备用信用证公约》规定，保证人虽不对受益人所提交的单证的正确性承担责任，但保证人首先应尽合理的谨慎，对单证在表面上是否适当进行审查，如单证是否齐全，只要所提交的单证经合理谨慎审查，符合保函规定的表面要求，保证人就应付款，即便单证的内容是虚假的，形式是伪造的，保证人也不承担过错责任，即被保证人不得以此作为向保证人补偿的抗辩理由。

第二，银行对受益人的赔偿请求负有通知义务。在受益人正式提出索赔时，保证人应立即通知委托人，并将受益人所提交的单证悉数传递给委托人，以便委托人根据基础合同的具体履行情况对受益人的索偿提出抗辩。如果保证人怠于通知并因此给委托人造成损失，保证人应自行承担这部分损失，无权向委托人要求补偿。此外，除非保证人能十分确定地证明受益人的索偿具有欺诈性，即受益人明知委托人没有违约而恶意提出索偿，否则保证人对受益人索偿的任何拖延都构成对见索即付银行保函的违约。

④见索即付保函中银行的追偿权问题

第一，根据委托书和反担保形成的追偿权。首先，委托人向担保行出具的委托书中应明确记载两项重要内容：一是委托担保行出具见索即付银行保函；二是承诺一旦担保人依据保函承担付款责任，委托人应无条件立即予以补偿。其次，担保行还可以要求委托人以其财产或由第三人提供反担保。根据委托书和反担保函，担保人在承担担保责任后即可对委托人行使追偿权。若以财产为反担保物，则可以从该担保物的变卖价款中优先受偿。若由第三人提供保证，则可向反担保人追偿。

第二，根据代位求偿权而形成的追偿权。代位求偿权是保证人根据保函的规定履行保证义务后而取得的受益人依基础合同对委托人所拥有的一切权利。代位求偿权除基础合同权利外，还包括受益人所拥有的各种担保物权或对同意为被担保人的债务承担责任的其他人的追偿权，如在委托人的财产上设立的担保物权和由第三人保证或其他担保方式提供的各种担保权益。

见索即付保函主要适用于国际融资、国际商务的担保等业务，与其他国内商务或融资时的担保具有不同的法律特征。根据我国担保法和担保法司法解释的规定，物的担保是由债务人本身提供的，物的担保优于人的担保；物的担保是由第三人提供时，债权人可以随意选择某一担保人承担责任。保证人在承担保证责任后，享有对担保物的代位求偿权。而在见索即付保函下，付款责任顺序通常在保函中事先规定，一般开立见索即付保函的银行承担第一付款人责任，并享有对抵押物的代位求偿权，这一点不同于一般的保证合同。

2. 按应用形式的不同，可分为履约保函和还款保函

保函和备用信用证都是国际结算和担保的重要形式，在国际经贸往来中可发挥相同的作用，达到相同的目的。

（1）履约保函。

在一般货物进出口交易中，履约保函又可分为进口履约保函和出口履约保函。

①进口履约保函。进口履约保函是指担保人应申请人（进口人）的申请开给受益人（出口人）的保证承诺。保函规定，如出口人按期交货后，进口人未按合同规定付款，则由担保人负责偿还。这种履约保函对出口人来说，是一种简便、及时和确定的保障。

案例分析

2006年3月7日，中国银行江苏省分行应苏美达集团公司的申请开出LC9400644/06号即期自由议付信用证，金额为600 000欧元，受益人为SWEDEN ENERGY AND ENVIRONMENT ABSAGVERKSGATAN，SWEDEN，通知行为SWEDBANK，STOLKHOLM，SWEDEN。信用证所需要的单据中含一份正本银行履约保函，保函金额为10%的合同款，有效期至2008年9月30日。2006年7月31日，该行收到该L/C项下全套正本单据，单据金额为信用证金额，交单行为信用证通知行SWEDBANK经审核，银行认为单证相符，除留下待核实真实性的银行保函外，将其余单据交给申请人，并定于8月7日对外付款。从表面上看，该保函的出具银行是交单行SWEDBANK，STOLKHOLM，江苏省分行向其发出查询电后收到回电，该行称无法核实保函，要求江苏省分行传真保函，江苏省分行立刻将保函传真至该行。8月7日，苏省分行收到该行的回电，电文出人意料地告知该保函是伪造的。江苏省分行立即暂停了该笔信用证的付款，并与申请人联系，申请人退回已收到的所有单据要求拒付。8月8日，江苏省分行在收到单据的第六个工作日，向交单行SWEDBANK，STOLKHOLM发出拒付电报，拒付理由是该行某日的电报银行保函系伪造。之后江苏省分行没有收到对方银行的电文。请问：中国银行江苏分行的做法是否正确？其应在什么情况下解除拒付并对外付款？

分析：中国银行江苏分行的做法是正确的。中国银行江苏分行应该在申请人书面通知江苏省分行其收到的是该信用证项下真实合格的银行保函并同意江苏省分行付款后，江苏省分行即可当日解除拒付并对外付款。

②出口履约保函。出口履约保函是指担保人应申请人（出口人）的申请开给受益人（进口人）的保证承诺。保函规定，如出口人未能按合同规定交货，担保人负责赔偿进口

人的损失。这种履约保函对进口人有一定的保障。

（2）还款保函。

还款保函，又称预付款保函或定金保函，是指担保人应合同一方当事人的申请，向合同另一方当事人开立的保函。保函规定，如申请人不履行他与受益人订立合同的义务，不将受益人预付或支付的款项退还或还款给受益人，担保人向受益人退还或支付款项。

除上述两种保函外，还可根据其他功能和用途的不同，分为其他种类的保函，如投标保函、补偿贸易保函、来料加工保函、技术引进保函、维修保函、融资租赁保函、借款保函等。

（五）银行在开立保函时应注意的问题

国际担保业务中银行使用的绝大多数为见索即付保函，见索即付保函一经开立，银行将成为第一付款人，承担很大的风险。因此，为降低风险，银行在开立见索即付保函时应注意以下问题：

（1）保函应将赔付条件具体化，应有具体担保金额、受益人、委托人、保函有效期限等。

（2）银行应要求委托人提供相应的反担保或提供一定数量的保证金，银行在保证金的额度内出具保函。

（3）银行向境外受益人出具保函，属对外担保，还必须注意如报经外汇管理局批准等对外担保的法律规定。

（4）银行开立保函，还应该对基础合同的真实性进行认真审核，以防诈骗。

（六）银行保函样本

备用信用证本：

To：Bank of communications，SHENYING Branch

From：XYZ BANK

Date：20 DECEMBER 2004

Standby Letter of Credit

With reference to the loan agreement no. 2004HN028（hereinafter referred to as “the agreement”）signed between Bank of Communications，SHENYANG Branch（hereinafter referred to as “the lender”）and LIAONING ABC CO.，LTD（hereinafter referred to as “the borrower”）for a principal amount of RMB2，000，000（in words），we hereby issue our irrevocable standby letter of credit no，810LC040000027D in the lender's favor for amount of the HONGKONG AAB-BCC CORPORATION which has its registered office at AS 8 FL. 2SEC.

CHARACTER RD，HONG KONG for an amount up to UNITED STATES DOLLARS THREE MILLION ONLY.（USD3，000，000）which covers the principal amount of the agreement plus interest accrued from aforesaid principal amount and other charges all of which the bobbower has under taken to pay the lender. The exchange rate will be the buying rate of USD/RMB quoted by Bankof Communications on the date of our payment. In the case that the guaranteed amount is not sufficient to satisfy your claim due to the exchange rate fluctuation between USD and RMB we hereby agree to increase the amount of this standby L/C accordingly.

Partial drawing and multiple drawing are allowed under this standby L/C.

This standby letter of credit is available by sight payment. We engage with you that upon receipt of your draft (s) and your signed statement or tested telex statement or SWIFT stating that the amount in USD represents the unpaid balance of indebtedness due to you by the borrower, we will pay you within 7 banking days the amount specified in your statement or SWIFT. All drafts drawn hereunder must be marked drawn under XYZ Band standby letter of credit no. 810LC104000027D dated 20 DECEMBER 2004.

This standby letter of is credit will come into effect on 20 DECEMBER 2004 and expire on 09 DECEMBER 2005 at the counter of bank of Communications, SHENYANG branch.

This standby letter of credit is subject to Uniform Customs and Practice for Document Credits (1993 revision) International Chamber of Commerce Publication No. 500.

三、国际保理业务

随着国际贸易的发展，市场竞争日益激烈，买方市场的特征日益显著。作为进口商的买方在洽谈签约时有较大选择权，如在决定支付方式时，进口商往往愿意采用承兑交单和赊销；另一方面，作为出口商的卖方为了扩大自己的出口，除利用质量、价格、售后服务等竞争手段外，也不得不按对进口商较为有利的支付方式达成交易，以吸引客户。但是，这些支付方式不但要占用出口商的资金，而且有一定的风险，出口商必须采取一些相应的保护措施，以维护自身利益。在这种情况下，国际保理业务便应运而生。

（一）国际保理业务概述

1. 国际保理业务的含义

国际保理业务（International Factoring），是一种可供选择的国际结算方式，又是一种短期的贸易融资方式。它是集会计结算、财务管理、信用担保和贸易融资为一体的综合性售后服务业务，包括应收账款催收、销售分户账管理、信用风险担保以及保理预付款等服务内容；这些服务由出口保理商和进口保理商（即出口地银行和进口地银行）共同提供。具体来说，国际保理业务是指出口商以商业信用形式出售商品，在货物装船后立即将发票、汇票、提单等有关单据卖给承购应收账款的财务公司或专门组织，收进全部或一部分货款，从而取得资金融通的业务。

财务公司或专门组织买进出口商的票据、承购出口商的负债后，通过一定的渠道向进口商催还欠款；如果遭到拒付，也不能向出口商行使追索权。财务公司或专门组织与出口商的关系在形式上是票据买卖、债权承购与转让的关系，而不是一种借款关系。

保理这种结算方式适应了目前国际贸易中流行的非信用证结算的实际情况。世界上有四十多个国家和地区开展了这项业务。国际保理商联合会（FCI）是世界上最大的保理商组织，现有 107 家成员，机构遍布世界各地，大多数是世界著名大银行或其他金融机构的附属保理公司。据国际保理学会统计，1998 年全球保理业务总额达到了 5 000 亿美元。而在整个保理业务量中，美国占 21.1%，意大利占 17.2%，英国占 14.2%，法国为 10.5%。

但是，中国的保理业务总额在世界上所占的比例还不到 1%，这和我国作为第二大贸易国的地位是很不相称的。目前仅有中行和交行在我国开展保理业务。中国银行于 1992

年在国内率先推出国际保理业务，并于1993年加入FCI，成为FCI的正式成员。中国银行已与美国、德国、英国、法国等十七个国家和地区的三十二家保理公司签署了国际保理协议，与其开展了广泛的国际保理业务合作。

1995年5月，中国银行也启用了EDIFACT系统，与上述国家和地区的保理公司进行业务往来，在信息传递上更加及时、准确。但是保理业务在中国的发展是很不稳定的，按照FCI的统计，1994年中行、交行的保理业务额为4 000万美元，1996年下降到1 500万美元，1998年和1999年也分别为2 000万美元。这和1999年全球保理业务量的5 500亿美元相比是不能同日而语的。

目前，我国的保理业务处于发展阶段，业务量低，开展的区域有限，但是国际保理具有其独特的长处，对于增强我国企业在国际上的竞争力有重要的意义。

案例分析

经营日用纺织品的英国Tex UK公司主要从我国、土耳其、葡萄牙、西班牙和埃及进口有关商品。几年前，当该公司首次从我国进口商品时，采用的是信用证结算方式。最初采用这种结算方式对初次合作的公司是有利的，但随着进口量的增长，他们越来越感到这种方式的烦琐与不灵活，而且必须向开证行提供足够的抵押。为了继续保持业务增长，该公司开始谋求至少60天的赊销付款方式。虽然他们与我国出口商已建立了良好的合作关系，但是考虑到这种方式下的收汇风险过大，于是我国供货商没有同意这一条件。之后，该公司转向国内保理商Alex Lawrie公司寻求解决方案。英国的进口保理商为该公司核定了一定的信用额度，并通过中国银行通知了我国出口商。通过双保理制，进口商得到了赊销的优惠付款条件，而出口商也得到了100%的风险保障以及发票金额80%的贸易融资。目前，Tex UK公司已将保理业务推广到了中国的5家供货商以及土耳其的出口商。公司董事Jeremy Smith先生称，双保理业务为进口商提供了极好的无担保延期付款条件，使其拥有了额外的银行工具，帮助其扩大了从中国的进口量，而中国的供货商对此也应十分高兴。

虽然出口商会将保理费用加入到进口货价中，但Jeremy Smith先生认为对进口商而言，从某种角度看也有它的好处。当进口商下订单时，交货价格就已确定，他们无须负担信用证手续费等其他附加费用。而对于出口商十分关心的保理业务中的合同纠纷问题，相对而言，虽然理论上说信用证方式可以保护出口商的利益，但实务中由于很难做到完全的单证一致、单单一致，因此出口商的收汇安全也受到挑战。Jeremy Smith先生介绍，该公司在与中国供货商合作的五年时间里仅有两笔交易出现一些货物质量方面的争议，但问题都很快得到解决，且结果令双方都满意。

北欧这一新市场，于1984年首次采用出口保理的结算方式。目前该公司已对许多国家的出口采用了此方式。据公司的一位发言人介绍，出口保理作为一种价廉高效的结算方式，帮助公司抓住了出口机遇，改善了公司的资金流动性，减少了坏账，同时也节省了用于销售分户账管理、资信调查、账款回收等管理费用。该公司认识到，仅靠公司规模以及产品声誉不足以应付跨国贸易中的各种问题，与日本出口保理商的合作以及FCI全球网络提供的服务构成了公司成功开发海外市场的一个组成部分。

2. 国际保理业务的适用范围

在下列情况下出口商宜办理国际保理业务：

（1）因部分海外进口商不能或不愿开出信用证，致使出口交易不能达成，限制了出口量的提高。

（2）部分进口商因出口商不愿提供信用付款方式而转往其他供应商。

（3）准备采用信用付款方式，但对海外进口商的财务信用存有疑虑。

（4）为了更有效地拓展市场，决定在有关的海外市场聘任销售代理，因此而必须提供信用付款方式。

（5）希望解除账务管理和应收账款追收的烦恼，避免坏账损失。

（二）国际保理业务的内容

银行或财务公司经营保理业务的主要项目如下：

1. 信用调查

银行或财务公司对有关的买方客户进行全面详细的资信调查，并结合市场调查，拟定对每个客户的信用限额，作为放款的重要参考。同时对卖方的资信及其经营和生产能力也进行调查了解，以便决定是否接受其申请。

2. 风险承担

银行或财务公司一旦接受卖方对客户的账款保理，如果到规定时间收不到款，只要是正常业务并且在承担限额之内，银行或财务公司将承担这笔呆账损失。但是保理业务不负责买卖双方因货物有问题而发生的争执，如因未按合同规定发货而买方拒绝付款时，卖方应自己负责。

案例分析

案情：我国的A公司是国内一家汽车出口企业，于2008年6月以赊销结算方式与德国某汽配连锁公司签署一份出口合同，向德国客商出售汽车配件共150万美元，合同规定应收账款的账期为60天。为了避免赊销结算带来的风险，A公司与国内保理公司申请办理了出口双保理业务。两个月后，德国进口商开始拖延付款，很快就进入破产程序，此时尚有60万美元的未付账款。请问：此案中，买方是否可以收回这60万美元，为什么？

分析：由于A公司申请办理了出口双保理业务，此类买方信用风险由进口保理商全额赔付，A公司因此减少了60万美元损失。

3. 催收账款

出口商的账款到期时，银行或财务公司通过国外的合作金融机构提醒进口商支付货款；银行或财务公司负责收取应收账款，将款交给卖方，并向卖方提送报告。对未收账款继续催收。

4. 资金融通

有别于出口商在银行取得的融资额度（可能需要担保、抵押），国际保理业务为出口商开辟了另外一条取得流动资金的渠道。在许多国家，按照有关规定和习惯做法，银行放款一般不接受应收账款、存货等流动资产作抵押。而经营保理业务的银行或公司则可以以“应收账款”为抵押，使卖方获得资金融通的便利。

案例分析

案情：C公司是我国一家汽车电子出口企业，主要向美国采用赊销方式结算出口点火线圈，毛利润率不到20%。由于汇率波动频繁且幅度较大，C公司一年的汇率损失可能达到5%，大大减少了企业的净利润。请问：C公司应如何解决汇率变动带来的风险？

分析：C客户可以到银行办理出口双保理业务，银行买断其部分应收账款，由此：①C公司可从银行获得与其结算货币同币种（美元）的融资，可视同收汇；②C公司可实现提前结汇，有效规避汇率风险，降低汇兑损失；③C公司可提前核销、提前退税。

5. 会计结算

银行或财务公司对承办的账款负责结算，定期公布已收款和未收款的情况，并提供电脑账务报告，分析账户动态。卖方可以不必自己记账，简化了其会计工作。

案例分析

案情：我国上海B公司是一家上市公司，其经济实力雄厚，获得多家银行授信，但公司资金充裕，导致银行授信额度大量闲置；其80%的出口业务采用赊销方式结算，应收账款在总资产中的占比达40%。作为上市公司，B客户的应收账款占比偏高，影响了公司资产的流动性以及社会公众对公司财务状况的正确认识。请问：如何解决此问题为宜？

分析：B公司可到银行办理出口双保理业务，买断B客户的部分应收账款，从而使：①B公司在财务报表中直接减记应收账款；②应收账款在总资产中的占比下降到20%；③经营性现金流入大幅增加；④资产流动性得到有效改善。

（三）国际保理业务的基本流程

目前，在国际贸易中，保理商所提供的国际保理业务一般都是双保理的做法。现将国际上通行的双保理业务程序简介如下：

（1）出口商向本地保理商申请叙作保理业务，通知进口商的名址，申请（进口商）的信用额度。

（2）出口保理商传递申请给进口保理商。

（3）进口保理商资信调查，并初步核定信用额度，通知出口保理商，由出口保理商向出口商通知信用额度、提出报价。

（4）出口商与出口保理商正式签订《出口保理协议》后，与进口商正式签约发货，寄正本单据（提单、发票、保险单、原产地证明等）。

（5）出口商将应收账款（债权）转让给出口保理商，同时将发票等有关单据副本、“债权转让通知书”、“出口保理融资申请书”提交给出口保理商。

（6）出口保理商按《出口保理协议》向出口商提供发票金额80%的融资。

（7）出口保理商将债权再转让给进口保理商，并将发票及单据的详细内容通过EDI－Factoring系统通知进口保理商。

（8）进口保理商在规定时间按商业惯例向进口商收款，进口商到期付款。

（9）货款转交。

（10）扣除预付款、服务费或贴息后，付余款。

注意：无论是单保理还是双保理，如果进口商未在到期日付款，则保理商要在到期后的第 90 天无条件付款。双保理时，进口保理商要向出口保理商付款。

（四）出口保理协议书的内容

在保理业务中，出口商要找到国内某保理商作为出口保理商，向其提出出口保理的业务申请，并与其签订《出口保理协议书》，用于为进口商申请信用额度和授权出口保理商执行保理业务。

保理协议书的内容一般包括：出口商业务情况、交易背景资料、信用额度的申请、通知及生效、应收账款的转让、信用额度的变更及取消、账务设立及核对、单据的提交与寄送、协议的失效及终止等。

需要特别指出的是，关于保理业务是否可以追索要视出口保理商与出口商之间的《出口保理协议》及融资合同的约定来确定。保理业务分为有追索权的保理和无追索权的保理。前者在由于发生了协议约定的情况下导致无法收回款项时，出口保理商可按照合同约定向出口商追索；无追索权的保理业务下，出口保理商只得自己承担资金损失。

欧美等发达国家基本采用无追索权保理，而我国开办保理业务时间不长，保理商为保护自身利益，采用有追索权保理的情况相对多一些。

（五）国际保理业务的利弊分析

1. 国际保理业务为出口商和进口商带来的收益

（1）风险保障。

对出口商来说，进口商的财务风险转由保理商承担，出口商可以得到 100% 的收汇保障；对进口商来说，单纯凭借公司的信誉和良好的财务表现而获得信贷，无须抵押。

（2）增加营业额。

对出口商来说，对于新的或现有的客户提供更有竞争力的 O/A、D/A 或 D/P 付款条件，以拓展海外市场，增加营业额；对进口商来说，利用 O/A、D/A 或 D/P 优惠付款条件，以有限的资本购进更多货物，加快资金流动，扩大营业额。

（3）简化手续。

对出口商来说，免除了一般单项交易的烦琐手续；对进口商来说，在批准信用额度后，购买手续简化，进货快捷。

（4）节约成本。

对出口商来说，资信调查、账务管理和追收账款都由保理商处理，减轻了业务负担，节约了管理成本；对进口商来说，省却了开信用证和处理繁杂文件的费用。

2. 国际保理业务的不利之处

（1）国际保理商的风险较大。虽然在国际保理业务中，国际保理商事先已经对进口商的资信进行了调查和评估，并规定了信用额度，但是国际保理商所承担的风险远远大于在信用证业务中开证行的风险。所以，国际保理商批准的信用额度一般都不大。

（2）出口商承担的保理费用较高。国际保理业务的费用包括三部分：①保理商佣金，其中出口保理商佣金约为发票金额的 0.1% ~0.4%，进口保理商佣金约为发票金额的 0.4 ~1%。不同保理商确定的佣金比例范围有所不同。②针对每单发票的处理费用，约为 10 美元。③银行费用。这些费用一般由出口商承担，当然也可事先将其估算在出口成本之内转嫁给进口商，但因此提高的货物价格，对交易的达成或多或少有一定影响。

(3) 对于商品质量、运输等方面的原因造成的买卖双方的纠纷以至引起拒付，保理商只能等待进出口双方自行解决或通过仲裁机构解决。

四、福费廷业务

(一) 福费廷业务的概述

"福费廷"一词为音译，英文为"Forfaiting"，源于法文"à forfait"，是放弃权力的意思。福费廷业务即指银行（或票据包买商）包买票据的业务。福费廷也称包买票据或票据买断，是指包买商（通常为商业银行或银行附属机构）从出口商处无追索权地购买由进口商承诺支付并经进口地银行担保的远期承兑汇票或本票，而向出口商提供融资的业务。其具体业务操作为：在出口商产品出口后，远期汇票经进口方银行承兑，或远期汇票或进口商所开具的远期本票经进口商所在地我行可接受的银行保付（Per Aval）后由我行扣除贴现息从出口商手中无追索权地买下，这样既使出口商早日回收现金，如同其将赊销方式变成了现金交易，同时避免了因远期收汇可能产生的汇率风险、利率风险以及到期货款不能收回的风险。

案例分析

案情：F客户收到一单出口业务，开证银行为孟加拉汇丰银行，信用证类别为90天远期信用证，单据金额为10 000.00美元并已经开证银行承兑，F客户申请融资的日期为2006年5月24日，该信用证承兑付款日为2006年8月17日。F客户为中小企业客户，融资方式受到较多限制，民生银行合理安排出口福费廷授信额度，在扣除对方银行预扣费、民生银行手续费后，客户顺利获得了9 500多美元的融资金额。

分析：针对出口型中小企业，信用证项下货物已发运且已经国外开证行（只要该银行需在民生银行有授信额度）承兑，无须其他担保措施，民生银行立刻为客户出具出口收汇核销联，客户可提早办理出口退税。客户得到的融资款可直接以现金收入记入资产负债表。而且，在上例中，无论民生银行是否于2006年8月17日收到开证行的付款，其均对F客户无追索权。

(二) 福费廷业务的重要业务属性

(1) 基本当事人：出口商、进口商、包买商、担保行。大的福费廷业务可由几个包买商形成包买商辛迪加，共同从事大笔业务。

案例分析

案情：F银行与B公司签订了福费廷协议。2008年10月，F银行收到W国A银行N国分行开来的180天远期信用证一份，受益人为该行客户B公司，金额为USD413 000，装运期为2008年11月15日。2008年11月4日，B公司发货后，通过F银行将货运单据寄交开证行，以换取开证行A银行N国分行担保的远期承兑汇票。2008年12月，B公司将包买所需单据包括"无追索权"背书的A银行承兑汇票提交F银行包买。次年2月，W国A银行突然倒闭，A银行N国分行于同年3月停止营业，全部资金被N国政府冻结，致使F银行垫款无法收回，利益严重受损。

分析：此案例中，F银行包买的是信用证下的汇票。A银行N国分行是信用证的开证行，日后承兑信用证下的汇票而成为票据承兑人，具有保证按期履行对外支付的义务。但A银行总行倒闭，致使A银行N国分行停止营业，从而使F银行即将到期的票据款无法收回。这里，F银行之所以遭受严重的银行担保风险就是因为F银行与X公司签署福费廷协议前，没有认真评估担保行A银行的信用级别，没有掌握全面信息为A银行核定一个合理的信用额度。

（2）债务工具：汇票、本票。汇票在出售给包买商的过程中，一定要背书注明“免受追索”，只有这样，才能达到出口商彻底转移风险的目的；本票（由进口商签发）不存在这个问题，因此实务中常用本票。

（3）担保行：出具保函或在票据上背书保证的银行（常用）。

（4）贴现率：以LIBOR利率为基准，加上风险益酬［风险益酬根据开证银行的银行风险和国家风险而定，贴现息视不同国家设有最低值（含LIBOR）］，具体根据市场情况决定。计息期为贴现日至承兑付款日。

因为含有风险溢价，所以福费廷业务的贴现率高于一般业务。风险主要体现在如下方面：①一般业务中，贴入票据的金融机构对贴出者有追索权，即使主债务人违约，仍能追索贴出者；福费廷业务无追索权，若主债务人、担保行均破产，则由包买商承担全部风险；②一般贴现中用的都是6个月以内的短期票据，福费廷业务中的汇票、本票从半年到若干年，最长的可达10年，因此属于中期融资业务，风险较大。

（5）承担费：承担费的收取按照贴现票据面值及承诺的实际天数乘以承担费率来计算。公式为：承担费 = 票据面值 × 承担费率 × 承诺天数/360。

（6）承诺期：一般为六个月。

（7）宽限期：一般为七天，具体视不同国家而定。

（8）期限：福费廷属于中期融资，融资期限可长达10年。

（9）担保方式：主要有两种，一种是保付签字，即担保银行在已承兑的汇票或本票上加注“Per Aval”字样，并签上担保银行的名字，从而构成担保银行不可撤销的保付责任；另外一种是由担保银行出具单独的保函。

（10）无追索权条款：福费廷业务的特色，是出口商转嫁风险的依据。福费廷业务项下银行对出口商放弃追索权的前提条件是出口商所出售的债权是合法有效的。因此，银行通常在与出口商签订的福费廷业务协议中约定，如因法院止付令、冻结令等司法命令而使该行未能按期收到债务人或承兑/承付/保付银行的付款，或有证据表明出口商出售给该行的不是源于正当交易的有效票据或债权时，银行对出口商保留追索权。

案例分析

案情：瑞士某汽轮机制造公司向拉脱维亚某能源公司出售汽轮机，价值3 000 000美元。因当时汽轮机市场很不景气，而拉脱维亚公司坚持延期付款，因而瑞士公司找到其往来银行ABC银行寻求福费廷融资。该银行表示只要拉脱维亚公司能提供拉脱维亚XYZ银行出具的票据担保即可。在获悉拉脱维亚XYZ银行同意出保之后，ABC银行与瑞士公司签署包买票据合约，贴现条件是：6张500 000美元的汇票，每隔6个月一个到期日，第一张汇票在装货后的6个月到期，贴现率为9.75%，宽限期为25天。瑞士公司于××年12月30日装货，签发全套6张汇票寄往拉脱维亚公司。汇票于次年1月8日经拉脱维亚公司承兑并交拉脱维亚XYZ银行出具保函担保后，连同保函一同寄给ABC银行。该银行于1月15日贴现全套汇票。由于汽轮机的质量有问题，拉脱维亚公司拒绝支付到期的第一张汇票，拉脱维亚XYZ银行因保函签发人越权签发保函并且出保前未得到中央银行用汇许可，而声明保函无效，并根据拉脱维亚法律，保函未注明“不可撤销”，即为可撤销保函。而此时，瑞士公司因另一场官司败诉，资不抵债而倒闭。

分析：此案例中的包买商ABC银行受损基本成为定局。按照福费廷业务程序，ABC银行在票据到期首先向担保行拉脱维亚XYZ银行提示要求付款。但由于该银行签发的保函因不符合本国保函出具的政策规定及银行保函签发人的权限规定而无效，并根据该国法律的规定，即便有效，因未注明“不可撤销”，该行如不愿付款，也可随时撤销保函下的付款责任。因此，ABC银行通过第一收款途径已不可能收回款项。如果转向进口商要求付款，进口商作为汇票的承兑人，应该履行其对正当持票人——包买商的付款责任，该责任不应受到基础合同履行情况的影响。但由于拉脱维亚属于外汇管制国家，没有用汇许可，进口商也无法对外付款，因此，虽然包买商在法理上占据优势地位，但事实上从进口商处收款同样受阻。由此可见，福费廷公司在签订福费廷协议、办理福费廷业务之前，一定要重视对出口商、进口商以及担保人本身资信情况和进口商所在国情况的调查。这些情况对于福费廷公司判断一笔业务的风险、确定报价，甚至决定是否接受这笔业务都具有非常重要的意义。

（三）福费廷业务的特点

（1）终局性融资便利：福费廷是一种无追索权的贸易融资便利，出口商一旦取得融资款项，就不必再对债务人偿债与否负责；同时不占用银行授信额度。

（2）改善现金流量：将远期收款变为当期现金流入，有利于出口商改善财务状况和清偿能力，从而避免资金占压，进一步提高筹资能力。

（3）节约管理费用：不再承担资产管理和应收帐款回收的工作及费用，从而大大降低管理费用。

（4）提前办理退税：办理福费廷业务后出口商可立即办理外汇核销及出口退税手续。

（5）规避各类风险：叙作福费廷业务后，出口商不再承担远期收款可能产生的利率、汇率、信用以及国家等方面的风险。

（6）增加贸易机会：出口商能以延期付款的条件促成与进口商的交易，避免了因进口商资金紧缺而无法开展贸易的局面。

（7）实现价格转移：出口商可以提前了解包买商的报价并将相应的成本转移到价格中去，从而规避融资成本。

（四）福费廷业务适用对象

1. 福费廷业务的申请条件

叙作福费廷业务的企业须具备以下申请条件：

（1）企业须具有法人资格和进出口经营权。

（2）在包买商（商业银行或银行附属机构）处开立本币或外币账户，与包买商保持稳定的进出口结算业务往来，信誉良好，收付汇记录正常。

（3）融资申请具有真实的贸易背景，贸易合同必须符合贸易双方国家的有关法律规定，取得进口国外汇管理部门的同意。

（4）利用这一融资方式的出口商应同意进口商以分期付款的方式支付货款，以便汇票、本票或其他债权凭证按固定时间间隔依次出具，以满足福费廷业务需要。

（5）除非包买商同意，否则债权凭证必须由包买商接受的银行或其他机构无条件地、不可撤销地进行保付或提供独立的担保。

（6）银行要求的其他条件。

2. 福费廷业务适用的对象

由于福费廷业务主要提供中长期贸易融资，所以从期限上来讲，资本性物资的交易更适合福费廷业务。以下情况适合叙作福费廷交易：

（1）为改善财务报表，需将出口应收账款从资产负债表中彻底剔除。

（2）应收账款收回前遇到其他投资机会，且预期收益高于福费廷全部收费。

（3）应收账款收回前遇到资金周转困难，且不愿接受带追索权的融资形式或占用宝贵的银行授信额度。

（五）福费廷业务的收费标准

福费廷业务的收费包含贴现利息、承诺费和宽限期贴息三个部分，具体各项收费依据合同约定。贴现息由票面金额按一定贴现率计算而成。贴现息一般分成复利贴现息和直接贴现息两种。前者以年利率计算，通常每半年滚利计息一次。后者是根据面值和到期日的贴现率计算得到。贴现率一般以 LIBOR 利率为基准，在考虑进口国国家风险、开证行信用风险、贴现期限长短和金额的基础上加一定点数。从票据到期日到实际收款日的期限称为“付款宽限期”，包买商通常将宽限期计算在贴现期中，收取贴息。从出口商和包买商达成福费廷协议到票据实际买入之日的时间为承诺期，在此期间，包买商要筹集资金，形成实际资金成本和机会成本，因此要向出口商收取承诺费。一般每月收取一次，如果承诺期少于一个月，也可同贴现息一并收取。

（六）福费廷业务的业务程序

福费廷业务可以叙作一般的业务融资，也可以叙作远期信用证项下的业务融资，具体业务程序分别介绍如下：

1. 福费廷的一般业务流程

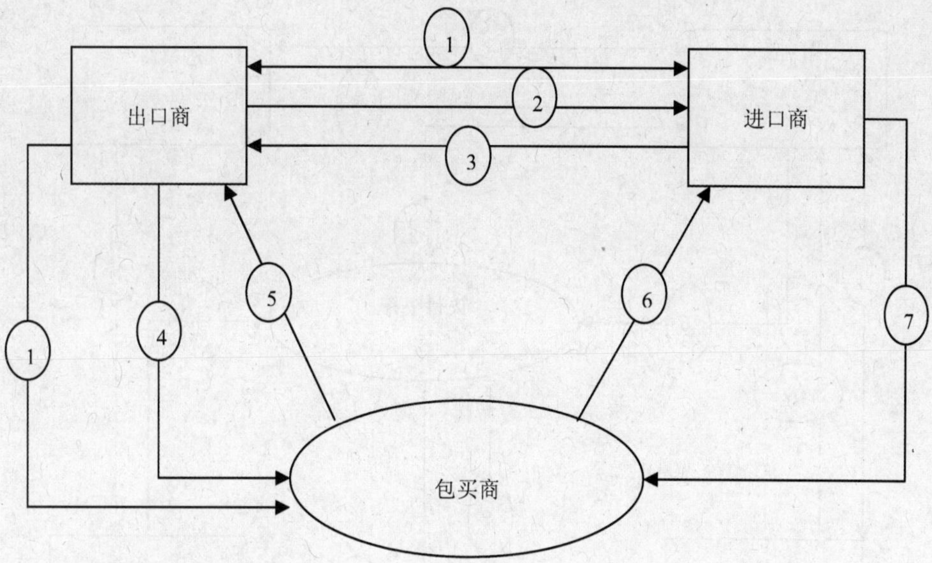

具体业务程序：

（1）出口商如拟采用福费廷业务来取得资金融通，就要尽早向包买商提出申请。包买商在进行调查及风险分析，决定承接该业务后，出口商与包买商签订福费廷合同，并与进口商签订贸易合同。

（2）出口商发运货物，并向进口商寄单，并要求进口商承兑远期汇票或要求进口商开出本票。

（3）进口商承兑远期汇票或开出本票后，将已承兑的远期汇票或本票提交给出口商。

（4）出口商将进口商已承兑的远期汇票或本票提交给包买商。

（5）包买商对出口商提交的票据审核无误后，即按原承诺函中的贴现率买断出口商提交的票据，向出口商贴现票款。

（6）票据到期，包买商向进口商提示票据，要求付款。

（7）进口商根据票面金额支付票款。

2. 远期信用证项下福费廷的业务流程

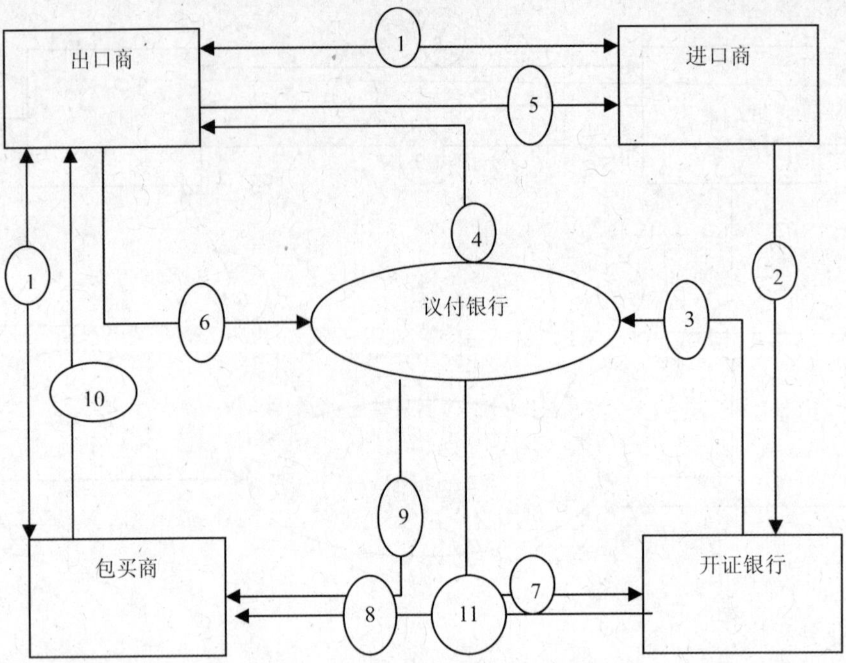

具体业务程序：

（1）出口商如拟采用福费廷业务来取得资金融通，就要尽早向包买商提出申请。包买商在进行调查及风险分析，决定承接该业务后，出口商与包买商签订福费廷合同，并与进口商签订贸易合同。

（2）进口商根据贸易合同的规定，向开证银行开出开证申请书。

（3）开证银行开立远期信用证，将信用证交通知银行（即本业务中的银行）。

（4）通知银行将信用证传递给出口商。

（5）出口商审证无误，根据买卖合同规定发运货物。

（6）出口商发货后，将全套货运单据向议付银行交单议付。

（7）议付银行向开证银行交单，并要求开证银行承兑远期汇票。

（8）开证银行向议付银行发出汇票已承兑通知。

（9）议付银行向包买银行通知汇票到期日。

（10）出口商将开证银行已承兑的远期汇票提交给包买商，包买商对出口商提交的票据审核无误后，即按原承诺函中的贴现率买断出口商提交的票据，向出口商贴现票款。

最后，票据到期，包买商向开证银行提示票据，要求开证银行付款。

五、出口信用保险

（一）出口信用险的概念

出口信用保险（Export Credit Insurance），也叫出口信贷保险，是各国政府为提高本国产品的国际竞争力，推动本国的出口贸易，保障出口商的收汇安全和银行的信贷安全，促进经济发展，以国家财政为后盾，为企业在出口贸易、对外投资和对外工程承包等经济活动中提供风险保障的一项政策性支持措施，属于非赢利性的保险业务，是政府对市场经济的一种间接调控手段和补充。

出口信用险是指国家为了鼓励并推动本国的出口贸易，为众多出口企业承担由于进口国政治风险（包括战争、外汇管制、进口管制和颁发延期付款等）和进口商商业风险（包括破产、拖欠和拒收）而引起的收汇损失的政策性险种。各国通过国家设立的出口信用保险机构（ECA，官方出口信用保险机构）承保企业的收汇风险、补偿企业的收汇损失，可以保障企业经营的稳定性，使企业可以运用更加灵活的贸易手段参与国际竞争，不断开拓新客户、占领新市场。出口信用险是世界贸易组织（WTO）补贴和反补贴协议原则上允许的支持出口的政策手段。目前，全球贸易额的12% ~15%是在出口信用保险的支持下实现的，有的国家的出口信用保险机构提供的各种出口信用保险保额甚至超过其本国当年出口总额的三分之一。经过十年的不断摸索和实践，中保财产保险公司现已开办了短期综合险、中长期出口的买方和卖方信贷保险、海外投资保险、保证保险等多种险种。

（二）出口信用险的发展历史

出口信用保险诞生于19世纪末的欧洲，最早在英国和德国等地萌芽。1919年，英国建立了出口信用制度，成立了第一家官方支持的出口信贷担保机构——英国出口信用担保局（ECGD）。紧随其后，比利时于1921年成立了出口信用保险局（ONDD），荷兰政府于1925年建立了国家出口信用担保机制，挪威政府于1929年建立了出口信用担保公司，西班牙、瑞典、美国、加拿大和法国分别于1929、1933、1934、1944和1946年相继建立了以政府为背景的出口信用保险和担保机构，专门从事对本国的出口和海外投资的政策支持。

“二战”后，世界各国政府普遍把扩大出口和资本输出作为本国经济发展的主要战略，而官方对作为支持出口和海外投资的出口信用保险也一直持支持的态度，将其作为国家政策性金融工具而大力扶持。1950年，日本政府在通产省设立贸易保险课，经营出口信用保险业务。20世纪60年代以后，众多发展中国家纷纷建立自己的出口信用保险机构。

中国于1988年创办信用保险制度，由中国人民保险公司设立出口信用保险部，专门负责出口信用保险的推广和管理。1994年，中国进出口银行成立，其业务中也包括了出口信用保险业务。2001年，在中国加入WTO的大背景下，国务院批准成立专门的国家信用保险机构——中国出口信用保险公司（中国信保），由中国人民保险公司和中国进出口银行的信用保险业务合并而成。

（三）出口信用保险的作用

1. 提高市场竞争能力，扩大贸易规模

投保出口信用保险使企业能够采用灵活的结算方式，接受银行信用方式之外的商业信用方式（如D/P，D/A，OA等）。使企业给予其买家更低的交易成本，从而在竞争中最大限度地抓住贸易机会，提高销售企业的竞争能力，扩大贸易规模。

2. 提升债权信用等级，获得融资便利

出口信用保险承保企业应收账款来自国外进口商的风险，从而变应收账款为安全性和流动性都比较高的资产，成为出口企业融资时对银行的一项有价值的“抵押品”，因此银行可以在有效控制风险的基础上降低企业融资门槛。

3. 建立风险防范机制，规避应收账款风险

借助专业的信用保险机构防范风险，可以获得单个企业无法实现的风险识别和判断能力，并获得改进内部风险管理流程的协助。另外，交易双方均无法控制的政治风险可以通过出口信用保险加以规避。

案例分析

2002年8月，国内一家外贸公司向国外一公司运出两票货物，合同金额达10万美元，支付条件为T/T90天。2002年底，第一票货物的货款已逾期近一个月，这家外国公司仍未付款。外贸公司一方面加紧向这家公司催讨货款，另一方面及时向中国信保书面通报了可能发生的损失情况。

收到这家外贸公司上报的"可能损失通知书"后，虽然风险事件尚未发生（国际通行界定的拖欠风险为买方超过付款期限4个月以上仍未支付货款），但中国信保考虑到该外国公司拖欠时间并不长，追偿时机比较有利，立即发函建议保户委托中国信保进行海外调查追讨。然而，保户当时坚持自行追讨，理由有三：1. 虽然该买家以前有过拖欠行为，最终都能较快还款；2. 顾虑追账机构的介入会影响买卖双方以后的合作；3. 买家已口头答应分期还款，并承诺将公司的厂房和仓库抵押给银行，以筹资归还欠款。

2003年1月中旬，通过跟踪保户自追情况，中国信保了解到，经保户努力，买家已签署了分期还款协议，但迟迟未按日程表付出货款，并且买家的财务状况开始恶化，甚至有破产的可能性。在这种情况下，中国信保再次向保户解释由专业追偿机构及早介入的必要性，并建议其委托中国信保追讨。2003年1月23日，保户填写"委托代理协议书"，并提供了相关的贸易单证委托中国信保进行海外追讨。

4. 通过损失补偿，确保经营安全

通过投保出口信用保险，信用保险机构将按合同规定在风险发生时对投保企业进行赔付，有效弥补企业财务损失，保障企业经营安全。同时，专业的信用保险机构能够通过其追偿能力实现企业无法实现的追偿效果。

案例分析

沈阳某家皮鞋厂是具有自营进出口权的民营小企业，产品出口占销售收入的90%以上，主要的海外客户只有中国台湾和美国两家。2006年2月至5月，鞋厂先后向中国台湾买家出运了11笔货物，货值40多万美元。合同签署前，该皮鞋厂与中国出口信用保险公司（中国信保）签署了出口信用保险协议。到了付款日期，台湾买家却拖欠货款、迟迟不付，鞋厂因为这笔收不回的账款濒临倒闭。不过作为出口信保的被保险人，该皮鞋厂立即到中国信保报了案。

根据皮鞋厂的报案，中国信保在海外调查中发现，该台湾买家已停业，负责人下落不明，用"蒸发"二字形容毫不为过；而且，因存款不足，往来银行已宣布该买家公司及其负责人为"拒绝往来客户"。为使被保险人避免遭受更大的损失，中国信保立即决定：按照规定，向被保险人先行赔付。2006年9月27日，中国信保将40多万美元的支票交到皮鞋厂总经理的手上。

（四）出口信用险的险种

出口信用保险承保的对象是出口企业的应收账款，承保的风险主要是人为原因造成的商业信用风险和政治风险。商业信用风险主要包括买方因破产而无力支付债务、买方拖欠货款、买方因自身原因而拒绝收货及付款等。政治风险主要包括因买方所在国禁止或限制汇兑、实施进口管制、撤销进口许可证、发生战争、暴乱等卖方、买方均无法控制的情况，导致买方无法支付货款。而以上这些风险，是无法预计、难以计算发生概率的，因此也是商业保险无法承受的。

出口信用保险分为以下三种：

1. 短期出口信用保险（简称短期险）

短期险承保放账期在180天以内的收汇风险，主要用于以付款交单（D/P）、承兑交单（D/A）、赊账（O/A）等商业信用为付款条件的出口。根据实际情况，短期险还可扩展承保放账期在180天以上、360天以内的出口，以及银行或其他金融机构开具的信用证项下的出口。出口信用保险办理程序如下：

（1）申请投保。

出口商需填写“短期出口信用保险综合险投保单”一式三份，把本出口企业的名称、地址、投保范围、出口情况、适保范围内的买方清单及其他需要说明的情况填写清楚后，企业法人签章，向保险公司申请投保出口信用保险。

（2）申请限额。

出口商在接到保险公司承保并签发的“短期出口信用保险综合险保险单”后，出口商应就本保单适用范围出口的每一家尽早向本公司书面申请信用限额，并填写“短期出口信用综合险买方信用限额申请表”一式三联，按表内的要求，把买家的情况，双方贸易条件以及本企业所需的限额如实填写清楚，为本企业在适保范围内的全部海外新旧买家申请信用限额。

① 信用限额的概念。信用限额是出口信用保险公司对被保险人向某一买方或银行以特定付款方式出口项下的信用风险承担赔偿责任的最高限额。信用限额包含支付条件、金额和生效时间三个基本要素，有时还需规定特别限制条件，如赔偿比例、有效期等。

与其他商业保险不同，短期出口信用保险所承担的最高保险责任并不是实际出口金额，而是以信用限额为最高赔偿责任额。当实际损失金额小于有效信用限额时，保险赔偿责任 = 损失金额 × 保险单规定的赔偿比例；当实际损失金额大于或等于有效信用限额时，保险赔偿责任 = 有效信用限额 × 保险单规定的赔偿比例。

信用限额需要逐笔审批。审批信用限额是出口信用保险承保工作的核心环节，出口信用保险公司依据被保险人的限额申请，对与此相关的风险因素作专业风险评估，最终将可接受的风险程度折换成可赋予具体买家或银行的信用上限，即信用限额，并以批准该信用限额为标志，承担相应的风险责任。出口信用保险公司通过对信用限额的科学审批，确立承保责任、控制和平衡风险。

②信用限额的循环应用。出口信用保险公司所批准的信用限额一般为可循环使用限额。对某一买方或银行的信用限额一经批准，被保险人在该信用限额生效日后的出口便获得持续的保险保障。所批准的信用限额将在保险单有效期限内持续有效并可循环使用，直至保险人书面变更此限额时为止。信用限额是个额度受限、可调配、周期性使用、动态的

余额概念。它可以理解为被保险人在任何时间可以对某一买方保持应收账款的最高额度。

③申请限额。信用限额是被保险人获得保险保障的依据，也是出口信用保险公司承诺保险责任的证明。因此，出口企业在接到出口信用保险公司签发的“短期出口信用保险综合保险单”后，应在执行出口合同前，就保险单适保范围内的每一买方及其银行再向保险公司书面申请信用限额，并填写“买方信用限额申请表”。在填写“买方信用限额申请表”时，出口企业应按表上要求，将买方的情况、双方的贸易条件以及所需的限额填写清楚。

案例分析

国内一家专门出口化工产品的公司，采用120天远期承兑交单（DA120天）的方式向南美地区出口化工产品。南美是收汇风险相对较高的地区，承兑交单更是风险较高的结算方式。2004年以前，该企业在银行的授信额度只有120万美元，虽然企业要求银行增加融资额度以利于企业扩大业务规模，但银行考虑到该企业的授信额度担保抵押条件有限，并且对南美地区进口商信用和国家风险有所顾虑，因此拒绝为该企业增加授信额度。2004年初，银行建议该企业投保出口信用保险，并承诺可以考虑在出口信用保险的基础上提高对它的授信额度。该企业接受了银行建议，并顺利得到了中信保公司的保险核准。之后，该企业、中信保公司和银行三方联合签署了《赔款权益转让授权协议》，约定一旦发生保险责任范围内的损失，中信保公司将把赔款全额直接支付给银行而非该企业，银行扣除融资本息后再将余款付给该企业。由于收汇有了保障，银行决定将该企业的授信额度增加到350万美元。由于出口信用保险的支持，该企业顺利地从银行贷到了更多的流动资金，出口额也迅速由500万美元增至2 000万美元。

④申请限额时应注意的问题。申请限额应注意以下几方面：一是合同一旦签订，应立即向保险公司申请限额。因为调查资信需要一段时间，包括内部周转时间、委托国外资信机构进行调查时间，有时长达1个月之久；二是在限额未审批之前，如果合同有变更，及时与保险公司联系；三是如果合同方式是L/C或D/P或D/A支付方式，但出运选用空运方式或提单自寄，这样的风险已等同O/A风险，应申请O/A方式的限额；四是由于保险公司只承担批复的买方信用限额条件内的出口收汇风险，如果出口与保险公司批复的买方信用限额条件不一致，如出运日期早于限额生效日期、合同支付条件与限额支付条件不一致，保险公司将不承担赔偿责任。

(3) 申报出口。

保险公司通过《短期出口信用综合险买方信用限额审批单》批复限额，出口商每批出货后，十五天内（或每月十号前）逐批填写《短期出口信用综合险出口申报单》（或《短期出口信用保险综合险出口月申报表及保费计算书》）一式三份，按表中之要求，把出口的情况如实清楚填写，供保险公司计收保险费。对于出口商未在规定时间内申报的出口，保险公司有权要求出口商补报。但若补报的出口已经发生损失或可能引起损失的事件已经发生，本公司有权拒绝接受补报。如出口商有故意不报或严重漏报、误报情况，本公司对出口商已申报出口所发生的损失，有权拒绝承担责任。

（4）缴纳保险费。

出口商在收到保险公司发出的“保险费发票”及有关托收单据的日期起十日内应缴付保险费。如未在规定期限内缴付保险费，保险公司对出口商申报的有关出口，不负赔偿责任；如出口商超过规定期限两个月仍未缴付保险费，本公司有权终止保单，已收的保险费概不退还。保险公司每个月按出口商的申报和报单薄明细表列明的费率，计算应缴纳的保险费。保险费率如需调整，保险公司将书面通知出口商，通知发出后第二个月出口的货物，保险费按新费率计算。

（5）填报可能损失通知书。

出口商出货后，买方已破产或无力偿付债务、买方已提出拒绝收货及付款、买方逾期三个月未付或未付清货款或者发生保险公司承保的政治风险项下的事件，应在十天内向保险公司填报“短期出口信用保险可能损失通知书”。要清楚简述案情，并在等待赔偿期间，尽责催收货款，密切与保险公司联系，及时告之追讨或处理的进程和结果。

（6）索赔损失。

出口商收不到货款且追讨无效，保险条款规定的赔偿等待期届满，应尽快以书面的形式向保险公司提出索赔，并填写“短期出口信用保险索赔申请书”，同时，齐全、真实地提供“申请书”列明的所需单证（包括贸易合同、提单、出口报关单、发票、装箱单、汇票、买卖双方往来函电、“信用限额审批单”、出口申报表和本公司要求的其他资料）。对出口商因买方无力偿付债务所致损失的索赔，保险公司在证实买方破产或丧失偿付能力后尽快赔付；对其他原因所致损失的索赔，保险公司在规定的赔偿等待期满后，尽快赔付。对买方无力偿付债务引起的损失，如出口商未在买方被宣告破产或丧失偿付能力后一个月内提出索赔，对其他原因引起的损失，未在赔偿等待期满后两个月内提出索赔，又未提出充分理由，保险公司对出口商的索赔有权拒绝受理。

保险公司对保险责任范围内的损失，分别按保单明细表所列商业信用风险和政治风险所致损失的赔偿百分比赔偿。但赔偿以不超过本公司批准买方信用限额或被保险人自行掌握信用限额的上述百分比为限。

出口信用保险的运营原则有三个：一是最大诚信原则，即投保人必须如实提供项目情况，不得隐瞒和虚报；二是风险共担原则，其赔偿比率一般为90%左右；三是事先投保原则，即保险必须在实际风险有可能发生之前办妥。

办理索赔应注意以下问题：

①发现买方有信誉问题，在应付日后15日内未付，应及时向保险公司上报“可能损失通知书”，并采取一切可能措施减少损失。

②对于买方无力偿还债务造成的损失，不得晚于买方被宣告破产或丧失偿付能力后的1个月告知保险公司。

③对于其他原因引起的损失，不得晚于保单规定的赔款等待期满后两个月提出索赔，否则保险公司视同出口商放弃权益，有权拒赔。总之向保险公司索赔一定要做到单证齐全，否则影响出口商的经济利益，也使国家利益蒙受损失。

（7）权益转让。

出口商收到保险公司的赔偿通知后，须出具《赔款收据及权益转让书》（中英文各一份）和中英文的《追讨委托书》。如果买方逾期三个月未付或未付清货款，出口商在报

《可能损失通知书》时同意委托保险公司先追讨，需提供该案的合同、提单、发票、贸易双方往来函电及中英文《追讨委托书》。

2. 中长期出口信用保险（简称中长期险）

可分为买方信贷保险、卖方信用保险和海外投资保险三大类。中长期险承保放账期在一年以上、一般不超过10年的收汇风险，主要用于大型机电产品和成套设备的出口，以及海外投资，如以BOT、BOO或合资等形式在境外兴办企业等。

由于中长期险的保险金额较大，还款期限较长，风险程度相对短期险要大得多。因此，企业在安排中长期出口项目时，要特别注意按规定预先落实保险事宜。出口企业投保中长期险需按下列程序逐一落实：

（1）企业在对外投标或草签中长期出口合同前，至少提前一个月，向经办机构递交“投保申请书”，同时提供下列材料：项目名称、项目规模、合同金额、项目所在地等；拟定信贷方式、信贷条件等（进口方一般需要支付15%的预付款）；进口方名称、地址和资信材料；借款人或转贷行（在我国提供买方信贷时）名称、地址和资信情况；还款担保人的名称、地址和资信情况；出口项目可行性分析报告（包括技术、专利、换汇成本预测、经济效益等）；进出口双方拟草签的商务合同，或出口企业拟投标书中商务部分；出口企业的营业执照及要求的其他文件。

（2）经办机构在收到上述“投保申请书”及所附文件后，即对投保项目进行初步审评，如符合国家政策性出口信用保险支持条件，将在四周内出具“承保意向书”。企业可凭此意向书向银行申请信贷。

（3）在进出口双方就商务合同条件、贷款银行与借款人就有关出口信贷协议条款达成一致后，经办机构将对整个项目和全部合同文件进行审定，核定保险费率，并按国家有关规定履行报批手续后出具保险单或签订保险协议。

经办机构按国家政策规定，在授权范围内，代表政府办理具体保险业务。为确保国家出口信用保险的正常经营，对出口企业的下列情况，经办机构不得办理保险事宜：

①未征得经办机构同意，擅自对外承诺或签署合同。

②先出运后投保。

③其他不符合国家有关规定的行为。

3. 与出口相关的履约保证保险（简称保证保险）

保证保险分为直接保证保险和间接保证保险。直接保证保险包括开立预付款保函、出具履约保证保险等；间接保证保险包括承保进口方不合理没收出口方银行保函。

参考文献

1. 余世明．国际商务单证．广州：暨南大学出版社，2008

2. 全国国际商务单证专业培训考试办公室．国际商务单证理论与实务．北京：中国商务出版社，2009

3. 董宏祥．新编国际商务单证实务．上海：上海财经大学出版社，2006

4. 黎孝先．国际贸易实务．北京：对外经济贸易出版社，2002

5. 中国国际贸易学会商务培训认证考试办公室．外贸业务理论与实务．北京：中国商务出版社，2007

6. 顾建清，姚海明，袁建新．国际结算．上海：复旦大学出版社，2009

7. 姜学军．国际结算．大连：东北财经大学出版社，2006

8. 苏宗祥．国际结算．北京：中国金融出版社，1998

9. 苏宗祥．国际结算辅导与练习．北京：中国金融出版社，2006

10. 苏宗祥，徐捷．国际结算．北京：中国金融出版社，2009

11. 庄乐梅，韩英．贸易融资与外汇理财实务．北京：中国纺织出版社，2007

12. 李念祖．外汇交易原理与实务．上海：立信会计出版社，2002

13. 吕江林．国际金融实务．上海：上海社会科学院出版社，1995

14. 吴百福，舒红．国际贸易结算实务．北京：中国对外经济贸易出版社，2000

15. 屈韬，徐印州．国际贸易业务与结算操作．广州：广东经济出版社，2001

16. 汪宇瀚．国际金融与结算．北京：清华大学出版社，2006

17. 黎孝先．国际贸易实务．北京：对外经济贸易大学出版社，2000

18. 刘舒年．国际金融．北京：对外经济贸易大学出版社，1997